ALBERT OEHLEN

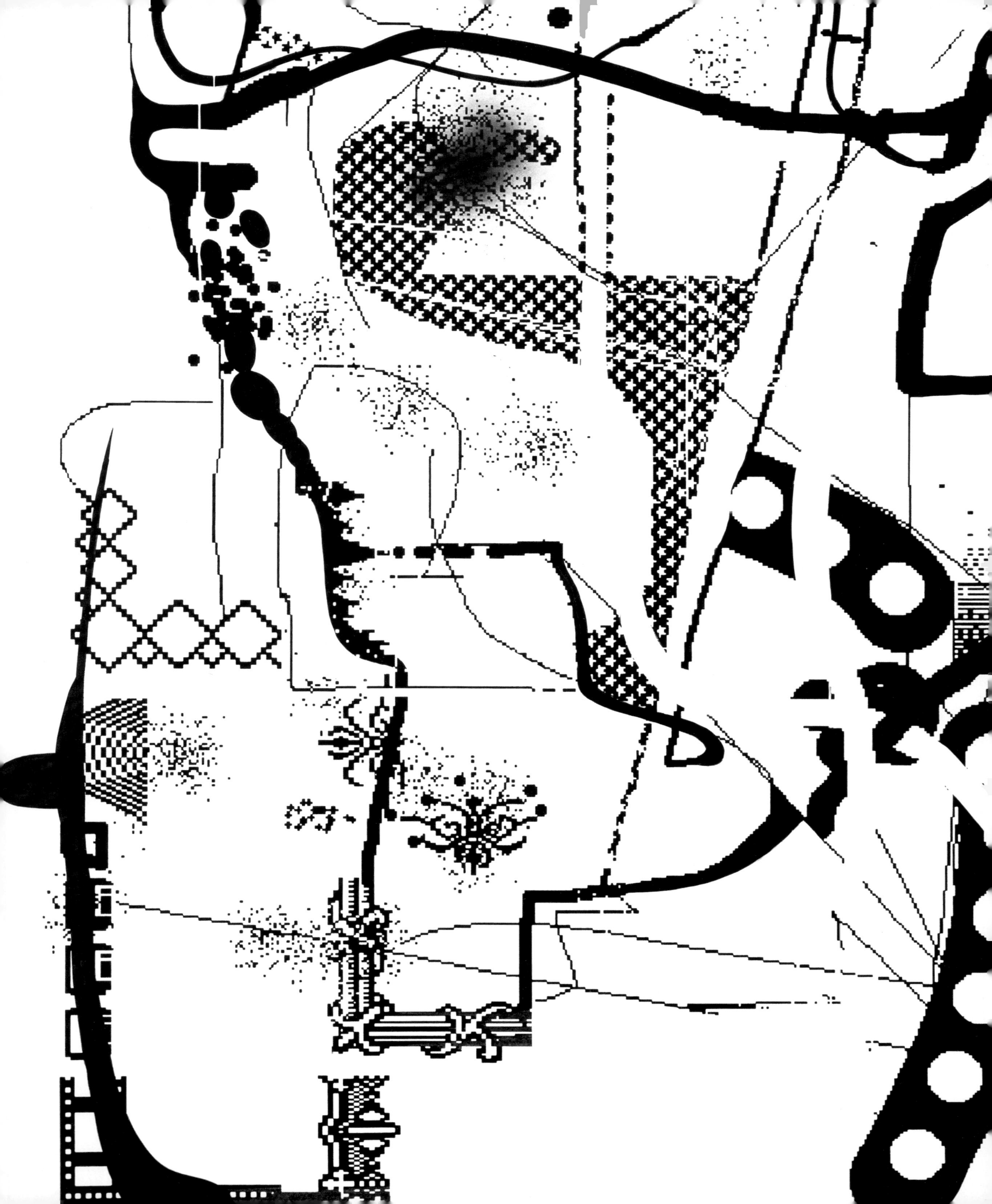

ALBERT OEHLEN

TERPENTIN 2012 TURPENTINE

Herausgegeben von / Edited by
Stephan Berg, Kunstmuseum Bonn

Texte von / Texts by
Stephan Berg, John Corbett, Christoph Schreier

HATJE CANTZ

KUNST
MUSEUM
BONN

Inhalt / Contents

Gestohlenes Zeug, 2005

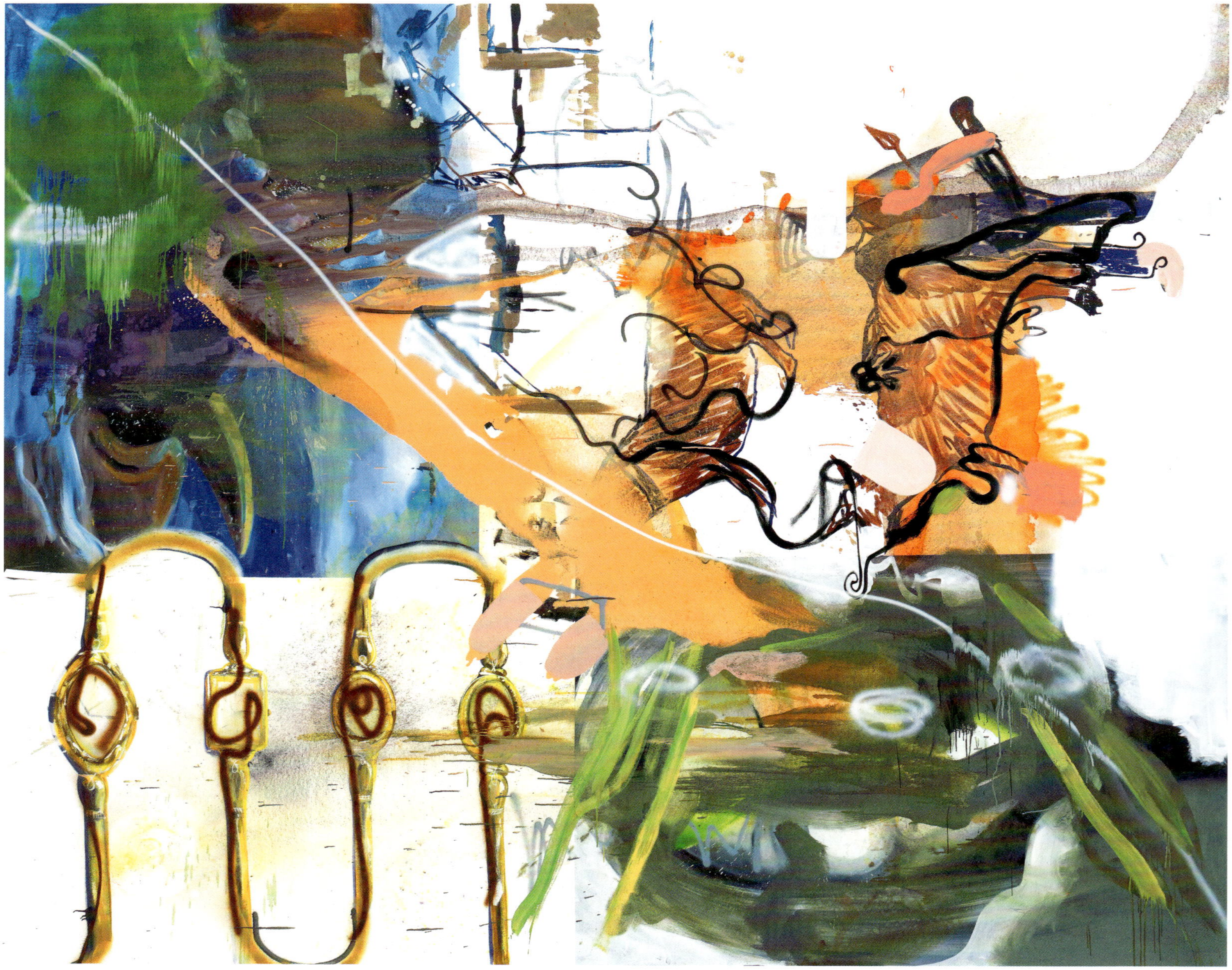

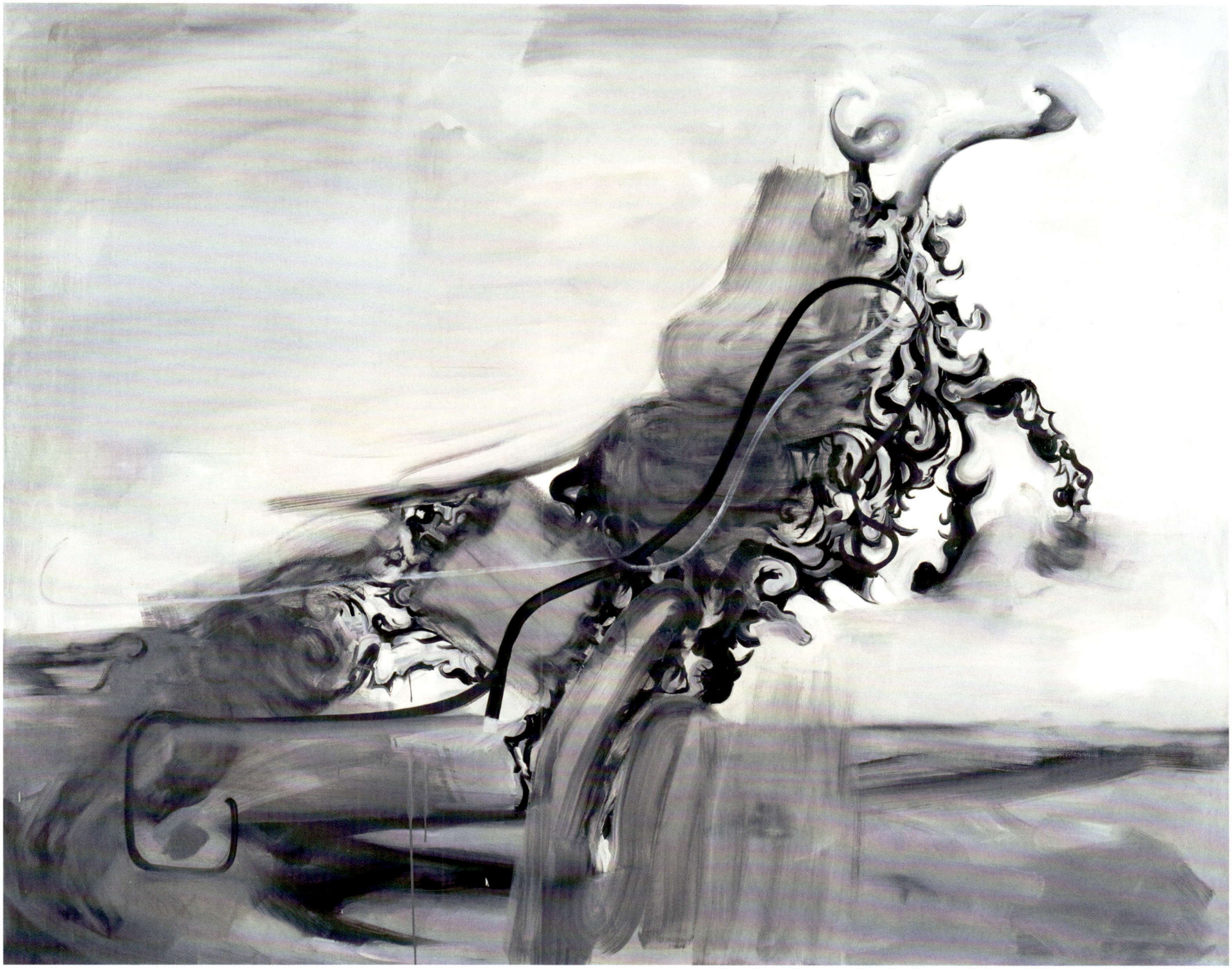

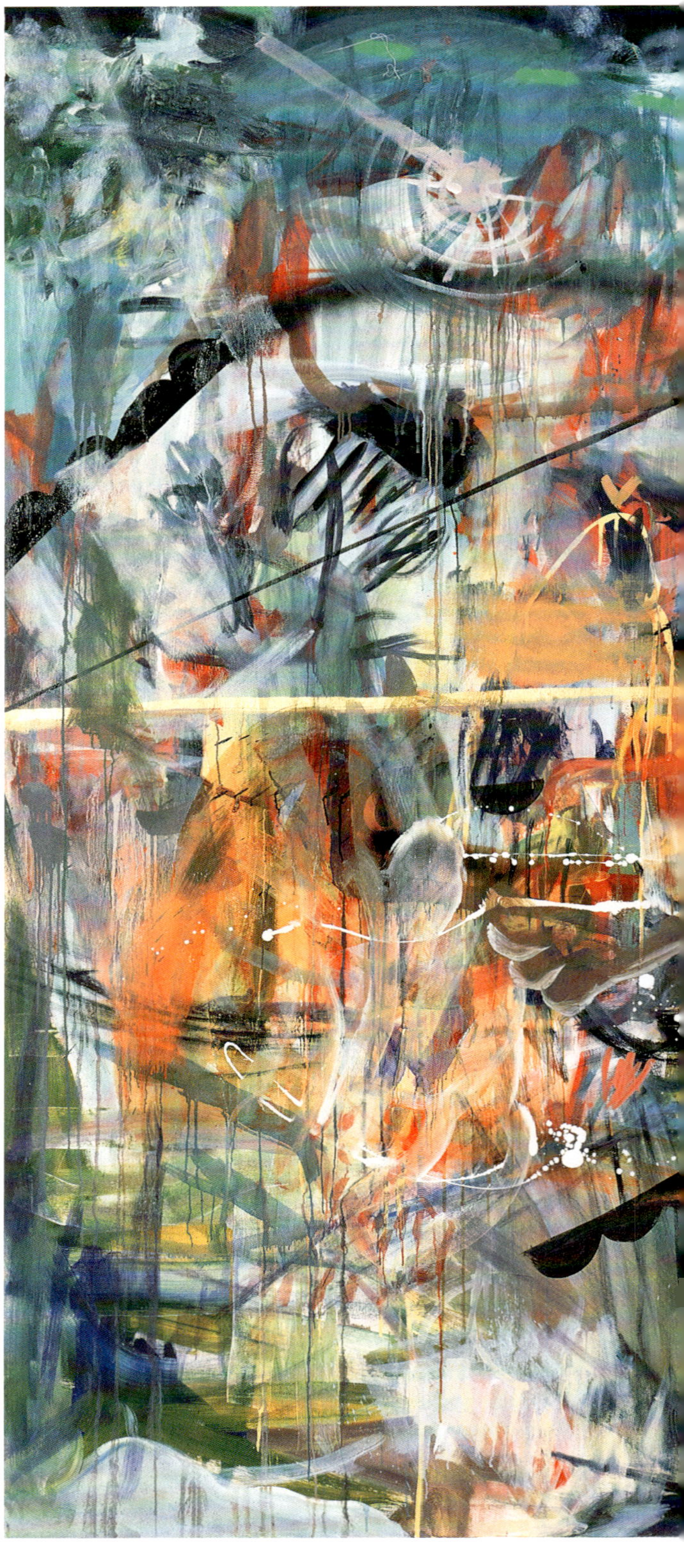

Born, 1997

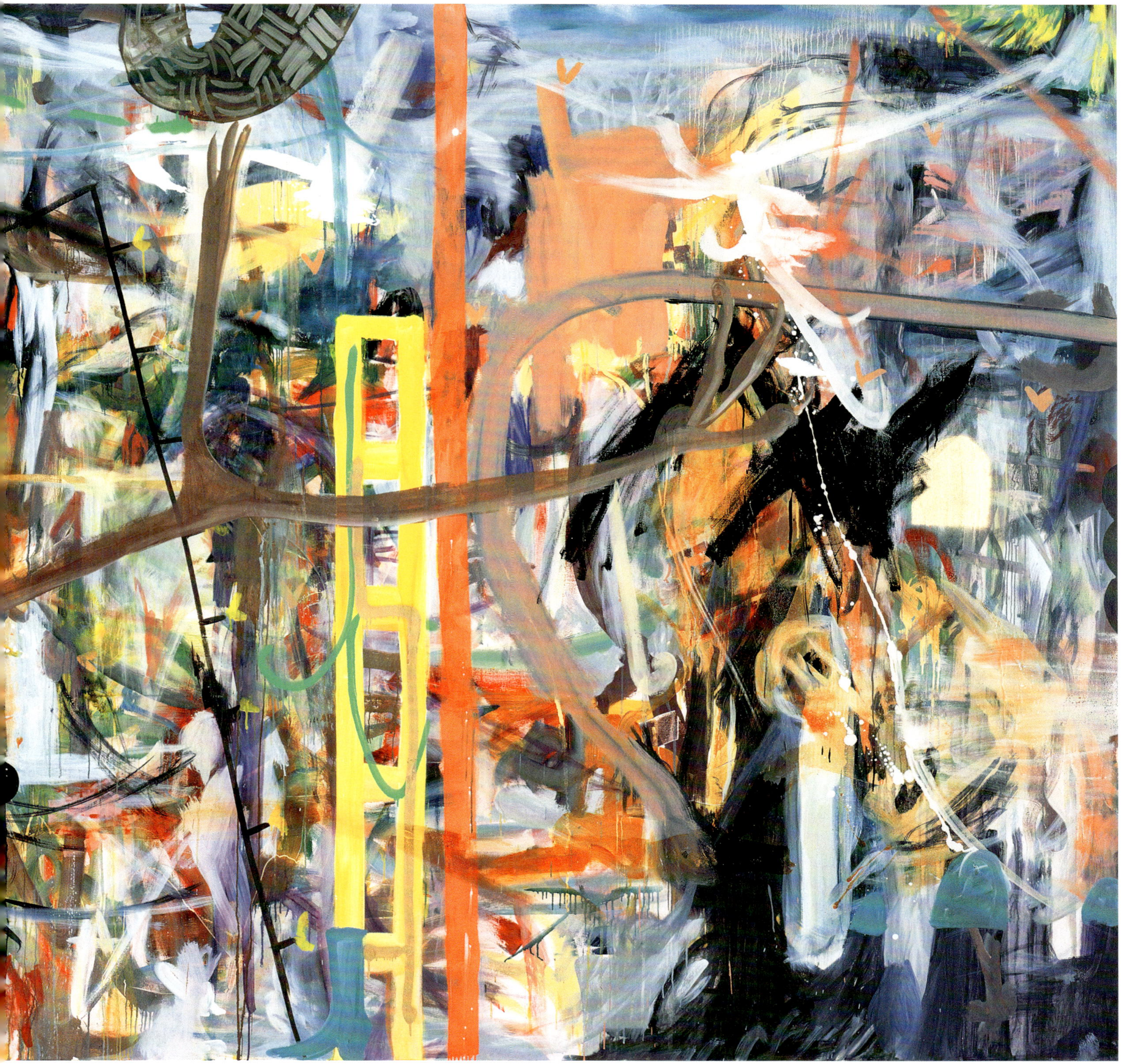

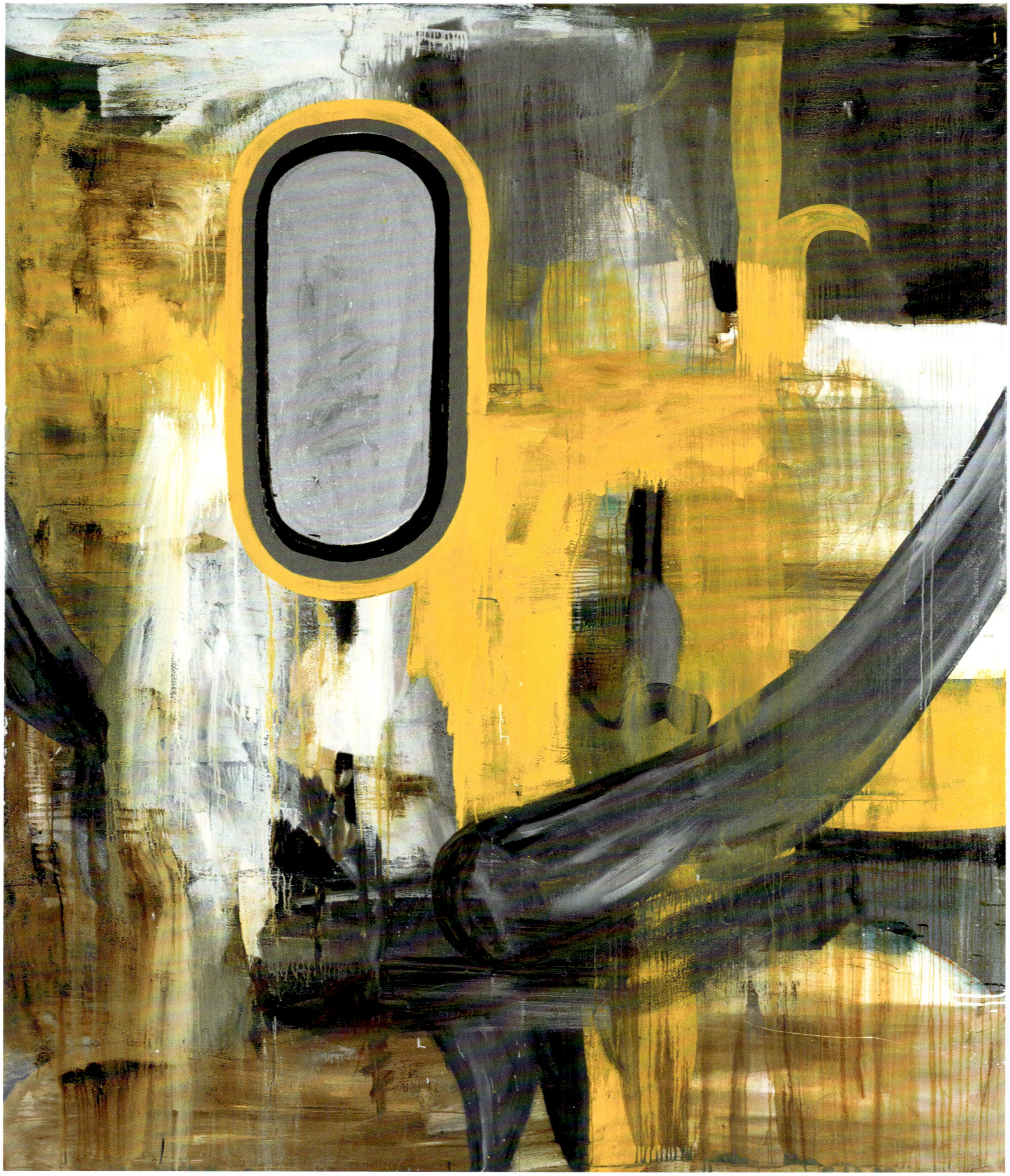

Ohne Titel / *Untitled*, 1989

Stephan Berg

Kaltes Fieber

Raum für phantasievolle Aktionen

Zu besichtigen sind die Trümmer einer großen Bildtradition, die bis zurück in die Renaissance reicht: Eine perspektivisch fluchtende Reihe von vier in violette Vorhänge gefassten Durchgängen gliedert vage einen Raum, aus dessen bodenlos scheinendem, gestisch aufgewirbeltem bräunlichen Malschlamm sich zum rechten Bildrand hin verzweifelt zwei Arme nach oben recken, während links verloren und prekär eine Harfe lehnt. An zwei Stellen sind auf das von gemalten Rissen und Frakturen durchzogene Bildfeld rechteckige Spiegel aufgeklebt, die in einem kleinen ovalen, gemalten Spiegel im Bildhintergrund ihre Entsprechung finden. Albert Oehlens *Raum für phantasievolle Aktionen* (Abb. S. 28) aus dem Jahre 1983 ist, angefangen vom rotzig-nachlässigen Malstil und den schmutzigen Farben bis hin zu seiner Motivgestaltung, eine Bildruine und genießt dies sichtlich. Giovanni Battista Albertis These vom Bild als Fenster in eine idealere Wirklichkeit, die er 1435/36 entwickelt hatte, will sich hier partout nicht mehr anwenden lassen, aber ex negativo arbeitet dieser Subtext dennoch in dem Gemälde. Denn im Grunde besteht das Bild eigentlich aus nichts anderem als aus Fenstern, zum einen in Gestalt der vier Durchgänge, zum anderen in Form der zwei aufgeklebten Spiegel. Aber die Durchgänge führen, ungeachtet ihrer vergleichsweise pompösen Vorhangrahmung, die aufgeladen ist mit der Rhetorik feudaler Repräsentationsarchitektur, nur in ein schmutzig helles Nichts. Die Spiegel verknüpfen zwar den Raum des Betrachters mit dem Bildraum, verkehren aber zugleich den in der Renaissance entwickelten Perspektivblick in die lockende Tiefe des Bildes in sein Gegenteil: Statt in den Illusionsraum der Malerei zu entführen, konfrontieren uns die Spiegel mit uns selbst und unserer ratlosen Befremdung vor diesem Malpamphlet.

Kein Ausweg nirgends aus diesem schmutzig unaufgeräumten Bildraum, in dem die flehend hochgereckten Arme das Subjekt nur mehr als Schwundstufe ausweisen, ausgeliefert an diesen bräunlich verwirbelten saugenden Untergrund, in dem es demnächst zu verschwinden droht. Fast fühlt man sich an Goyas epochalen *El Perro* (1820–1823) aus den *Pinturas negras* erinnert, diesen Hundekopf, der als letzter gegenständlicher Rest aus einer gewaltigen bräunlichen, sandigen Maldüne ragt. Aber wo Goya die Empathie mit der ausgelieferten, leidenden Kreatur zu seinem Hauptthema machte, zitiert Oehlen diese Pathosgeste nur, um sie zur schrillen Farce zu verzerren. Hier geht es nicht mehr um das authentische tiefe Erschrecken davor, dass alles auseinanderfällt und das Individuum in den unbehausbar gewordenen Räumen unterzugehen droht. All dies wird vielmehr in einer kulissenschieberhaften, theatralischen Als-ob-Rhetorik so krude vorgeführt, dass es als das kenntlich wird, was dieses Bild im Grunde ist: eine Behauptung, die immer nur soweit glaubwürdig ist, wie sie sich ironisiert, destabilisiert und ins Gegenteil verkehrt. Insofern ist *Raum für phantasievolle Aktionen* ein programmatisches Bild: Es zeigt, dass die »phantasievollen Aktionen«,

Ohne Titel / Untitled, 1993

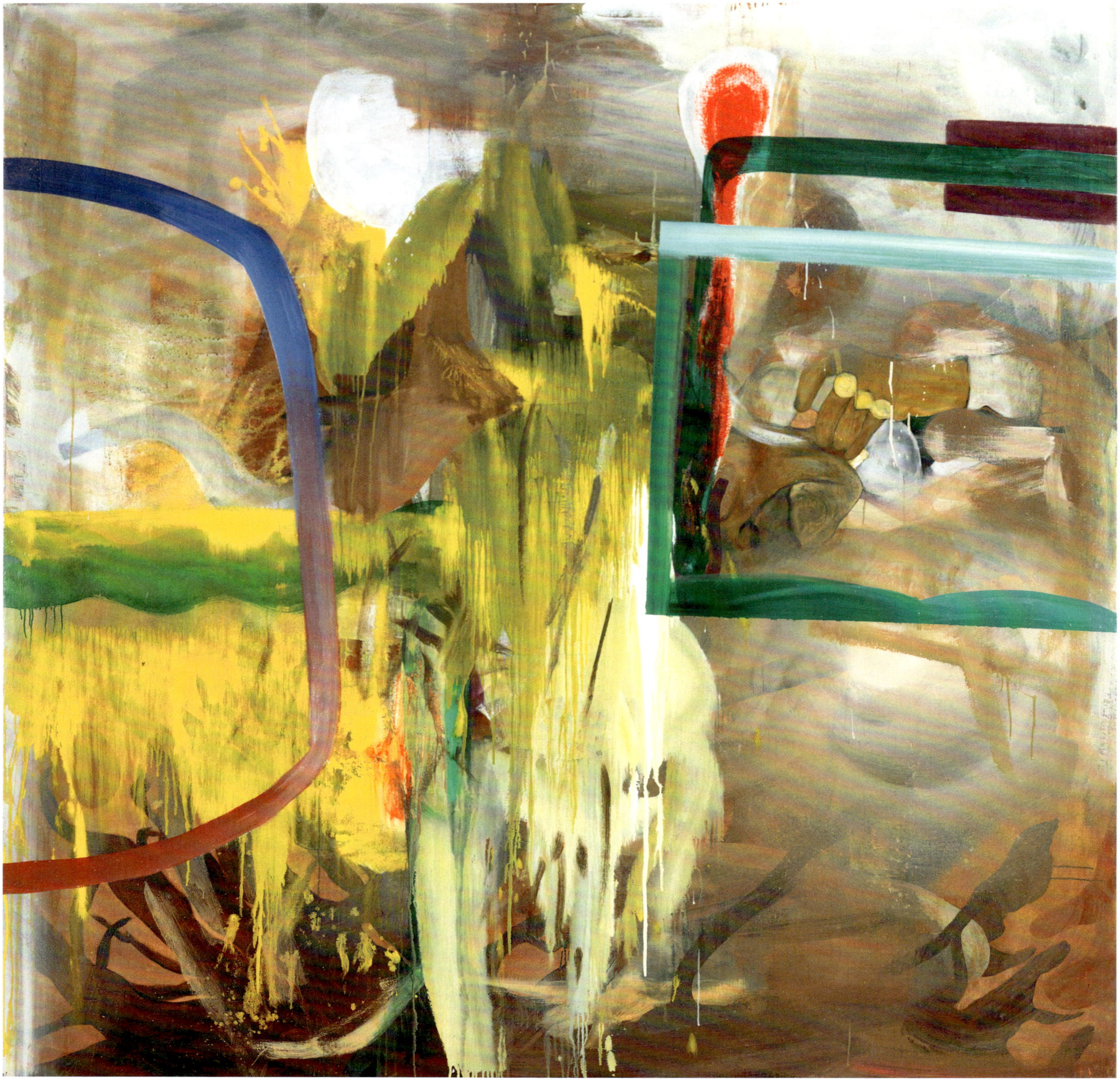

die sich für Oehlen in den frühen 1980er-Jahren im Bildraum verwirklichen lassen, im Grunde nur in seiner Verneinung liegen, und schafft es zugleich, aus dieser paradoxen Behauptung wiederum ein Bild zu machen.

Zwischenzone

Das Moment der Verneinung, der Durchstreichung klassischer Maltradition kennzeichnet Oehlens Malerei etwa bis Mitte der 1980er-Jahre. Aber er praktiziert dabei von Beginn an keine simple Antigeste, sondern ein komplexes, konzeptuelles Zugleich von Bild-, Mal- und Motiventleerung und bildnerischer Neukonstituierung. »Bad Painting«, als Begriff zurückgehend auf die Ausstellung *Bad Painting Exhibition,* die Marcia Tucker 1978 für das New Museum of Contemporary Art in New York kuratiert hatte, fasste als Etikett die ironisch-uneigentliche Haltung, die hinter dieser Malerei der frühen 1980er-Jahre stand, recht präzise zusammen. Es ging dabei nie um schlechte Malerei als Ausdruck des Nicht-besser-Könnens, sondern des Nicht-besser-Wollens: Eine »linguistische Unterwanderung der Malerei«,[1] welche die Malerei und ihre Motive in ihre einzelnen, bindungslosen Elemente zerlegte und diese bis an die Grenzen dessen trieb, was die Bilder aushalten konnten. Gerade das Rohe, Spontane, Hingeschmierte war die wahre Attitüde dieser Malerei, der es nicht darum ging, »authentisch zu sein, sondern taktisch richtig«.[2]

Die Schwierigkeit für eine solche Form »schlechter Malerei« bestand von vornherein darin, diese nicht einfach geschehen zu lassen oder zu akzeptieren, sondern sie ganz bewusst herzustellen[3] und damit genau die Missratenheit, die das Bild auf seiner Oberfläche behauptet, zu unterlaufen. Albert Oehlen ist diese Paradoxie nicht nur bewusst gewesen, er hat sie vielmehr benutzt, um seine Bilder in der Folgezeit zu strukturell paradoxen, uneindeutigen Behauptungen weiterzuentwickeln. Der diesbezügliche Durchbruch erfolgte Ende der 1980er-Jahre mit dem Verschwinden der gegenständlichen Motive und Referenzen aus der Malerei: »Die Zumutung an die Kunst durch Inhalt. Das verjährt [...], weil du es nicht weitermachen kannst. Das bleibt als einmalige Provokation großartig stehen. Es ist aber kein Rezept.«[4] 2010 fasste Albert Oehlen in einem Interview seine Problematik mit einer gegenstandsbezogenen Malerei folgendermaßen zusammen: »Als ich noch gegenständlich gemalt habe, ging es darum: Wie kann man etwas heroisieren? Da haben wir banale Gegenstände in die Mitte des Bildes gesetzt, und dann stellte man irgendwann fest: Viel mehr als Ironie kommt dabei nicht heraus. Dann kam die Gegenprobe dazu: Kann man etwas in die Pfanne hauen? Und dann stellte man erst mal fest, dass das genau gleich aussieht und dass man immer auch ein Stück von sich selbst in die Pfanne haut, wenn man mit Verachtung malt.«[5]

Auf die Austreibung des Gegenständlichen aus der Malerei, die durchaus exorzistische Züge trägt, folgt die Behauptung der »Postungegenständlichkeit«, die wiederum auf die strukturelle Dichotomie innerhalb eines nie ganz mit sich selbst zur Deckung zu bringenden Werks hinweist. »Postungegenständlichkeit« signalisiert nicht nur das Desinteresse des Malers an dem ehemals großen Debattenstreit zwischen Gegenständlichkeit und Abstraktion. Der Begriff weist auch darauf hin, dass Gegenständlichkeit als inhaltliche Herausforderung für Oehlen nicht mehr existiert, sondern nur mehr als Element für eine malerische Formalisierung. Im postungegenständlichen Modus entdeckt der Maler im Gegenstand dessen latent vorhandene Abstraktheit und Artifizialität und manifestiert sie in Form von Bildern, die nichts anderes als reine Artefakte sein wollen.[6]

Das ist erst einmal eine Behauptung, die zudem etwas Münchhausenhaftes an sich hat: Das Bild zieht sich quasi am eigenen Schopf aus dem Sumpf einer historischen Malereidebatte und positioniert sich selbst in einer Zwischenzone, in der es weder Antimalerei noch kulinarische Schönmalerei, weder Abstraktion noch Gegenständlichkeit verhandelt, sondern allein seinen Status als konstruiertes, gemachtes Kunstprodukt. Die Malerei schaut sich gewissermaßen selbst über die Schulter und formuliert dabei jeden Pinselstrich als ambivalente Geste zwischen Selbstausdruck und Kommentar. Wie jedes wesentliche malerische Werk der letzten dreißig Jahre gewinnt auch die Malerei Albert Oehlens ihre Eigentlichkeit nur im Modus des Uneigentlichen. Diedrich Diederichsen hat diesen paradoxen Balanceakt folgendermaßen zusammengefasst: »Sie [die Kunst Albert Oehlens] zeigt, dass da, wo alles widerlegt und nichts möglich ist, sehr viel ist, Platz einnimmt, Gestalt hat, mit anderen Worten: Möglichkeiten, dass das, was geht, nachdem nichts mehr geht, Gestalt hat.«[7]

Zeichenprogramm

Das in sich verstrickte Bild, balancierend auf dem schmalen Grat zwischen Implosion und Explosion, zwischen Tilgung und Generierung, manifestiert sich in Oehlens Werk in sehr unterschiedlicher Weise, aber immer als Geste, die das, was sie behauptet, zugleich ein Stück weit widerlegt, und das, was sie widerlegt, energisch behauptet. Das zeigt sich auf bestechende Weise in den Computerbildern, die ab 1990 entstehen. Die mithilfe eines einfachen Grafikprogramms von Texas Instruments entstandenen Arbeiten formulieren einen eigentümlichen Zusammenstoß zwischen maschineller und manueller Bildproduktion. Dabei werden zunächst die aus ungeschlachten, grobpixeligen Lineaturen bestehenden Computerkompositionen ausgedruckt, dann als Siebdruck auf die Leinwand übertragen und dort schließlich mit Pinsel und Farbe weiterbearbeitet.

Das Ergebnis ist weniger eine »digitale Antwort auf Pollocks und Klines gestische Improvisationen«[8] als ein äußerst hellsichtiger Diskurs über die in sich ambivalente Struktur des Bilds als Artefakt. Der Blick auf das Bild als Ganzes zeigt nämlich nicht etwa einen Konflikt zwischen der kalten apparativen Kompositorik des Computers und der heißen manuellen Überarbeitung, sondern eher den umgekehrten Vorgang: »Das Bild wird durch die manuelle Bearbeitung noch künstlicher als zuvor.«[9] Im Umkehrschluss bedeutet das: Die durch das Siebdruckverfahren aufgeblasene, stotternde und rührend ungelenke Schleifen, Pixeltreppen und Cluster bildende Computergrafik stellt nicht das künstliche Gegenstück zu der authentischen Handschriftlichkeit der Malerei dar, sondern eher deren Fortsetzung mit anderen Mitteln.

Die Computerbilder gingen aus einem Set von insgesamt 10 bis 15 immer wieder neu variierten Grundmotiven hervor. Dass sie trotz ihrer aus heutiger Sicht archaischen digitalen Technologie noch immer so frisch und zeitgemäß wirken, hat wesentlich damit zu tun, dass Oehlen das schnelle Altern des Mediums von Anfang an mit eingerechnet hat. Gerade die – auch aus damaliger Sicht – Begrenztheit der Möglichkeiten dieser Computerprogramme war 1990 der Anlass für den Maler, überhaupt mit ihnen zu arbeiten. Der Reiz lag nicht darin, die malerischen Möglichkeiten durch maschinelle technische Finessen zu erweitern, sondern sie zu limitieren. Gerade die Ungelenkheit des Grafikprogramms erfüllt Oehlens Anspruch auf antivirtuose und antikompositorische Bildfindungen perfekt und verleiht den maschinellen Ergebnissen zudem noch einen Anflug von paradox-perverser Authentizität, der jegliche Erwartung auf tatsächliche Authentizität zunichte macht. In einem Interview anlässlich seiner Ausstellung im Carré d'Art in Nimes 2011 führt Oehlen dazu aus: »Normalerweise hilft der Computer einem dabei, etwas zu tun, was man so nicht könnte. Computer öffnen ein Fenster in die Zukunft. Hier ist es umgekehrt. Der Maler korrigiert die Pixel und am Ende entsteht aus dem Computerbild ein handgemaltes Bild.«[10]

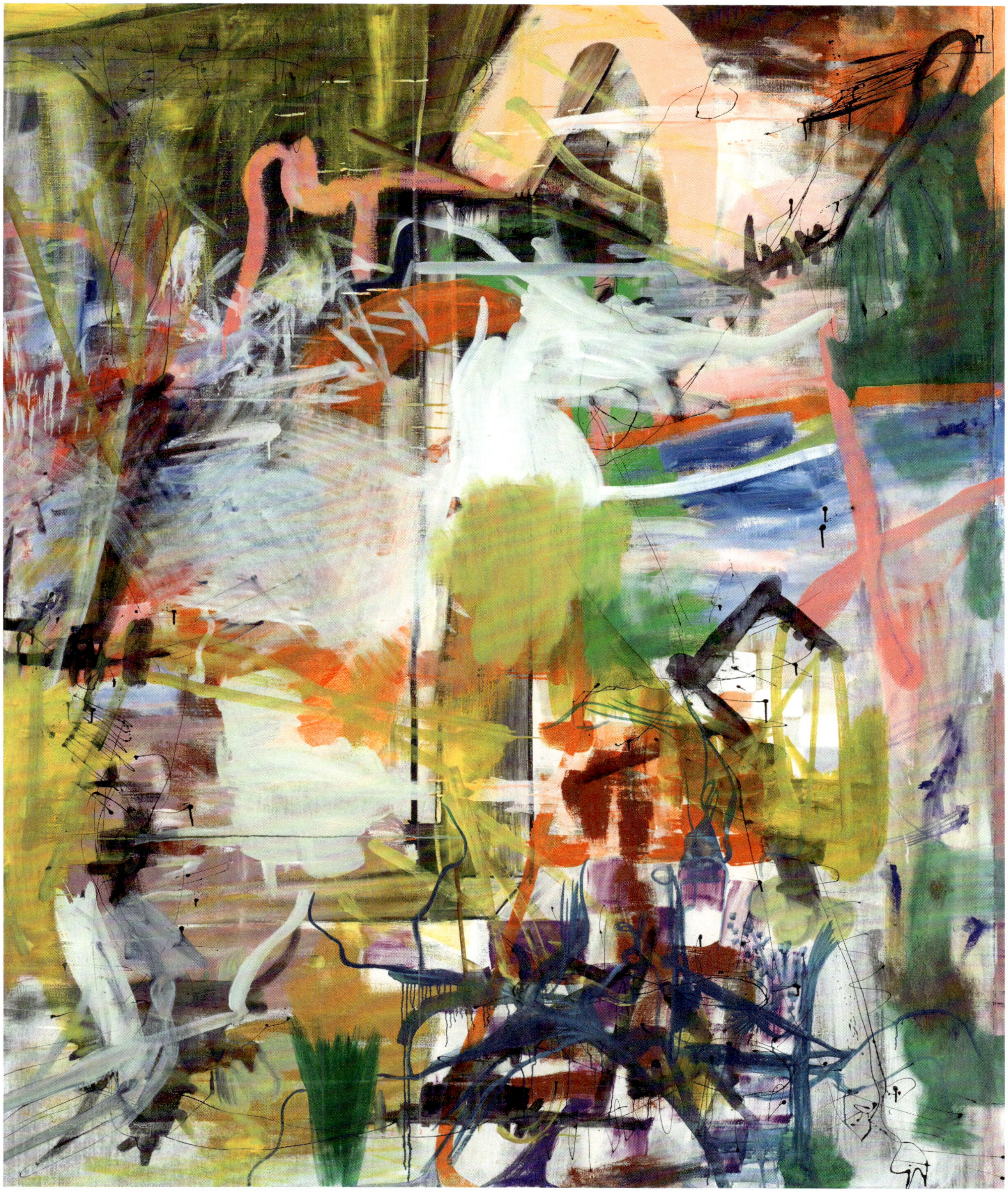

Ohne Titel / Untitled, 1988

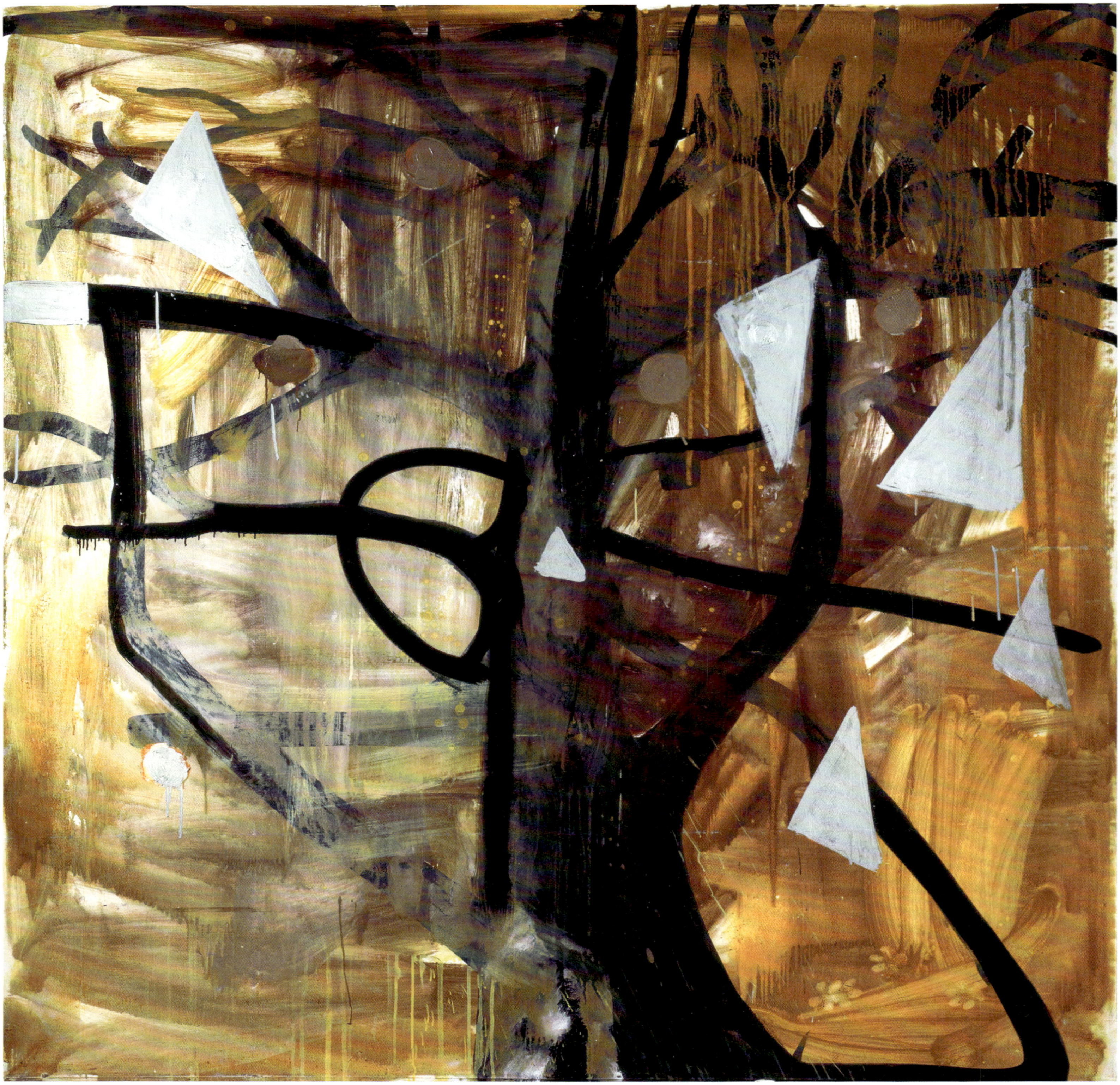

Die labyrinthische Linie

In den Computerbildern tritt zum ersten Mal prominent und bildbeherrschend der Akteur auf, der innerhalb der weiteren Entwicklung des Werks eine wesentliche Rolle spielen wird: die Linie. Präformiert wird sie in gewisser Weise durch die Baumbilder aus den frühen 1980er-Jahren und der rhizomatischen Struktur ihres Wurzel- und Astgeflechts. So wächst beispielsweise in *Ohne Titel* (Abb. S. 16) aus einem gestischen braungelben Malschlamm eine Baumstruktur, deren noch nachvollziehbares schwarzes Astgewirr, das sich aus einem zentralen Stamm verzweigt, durch zusätzliche lineare Elemente abstrahiert und verunklärt wird. Aber grundsätzlich ist das Werk der 1980er-Jahre deutlich von einer kompakten, schweren, bisweilen wie zugesoßt wirkenden Malerei geprägt, die auf opake, miteinander verbackene Malfelder setzt, in denen die Linie nur als konturierendes Accessoire dazutritt.

Auch zwischen den schweren, komplett zugemalten und in ihrer Bildmitte eigentümlich unscharfen Leinwänden, die Ende der 1980er-Jahre entstanden, und der fast luftig wirkenden Gruppe der Computerbilder ab 1990 ist kaum ein größerer Kontrast denkbar. Aber die Art und Weise, in der Albert Oehlen malerische Totalität auf der einen und grafische Linearität auf der anderen Seite einsetzt, zeigt strukturell verblüffende Parallelen. In beiden Fällen geht es um die Vermeidung von Eindeutigkeit und kompositorischer Hierarchie sowie um die Erzeugung eines merkwürdig schillernden Pseudoraums zwischen Fläche und Tiefe. Und so wie Oehlen die Farbe Ende der 1980er-Jahre vor allem dazu einsetzt, sie so lange zu überlagern und durchzustreichen, bis sie formlos und unidentifizierbar geworden ist, so treibt er nun die computergesteuerte Linie in mäandernden Schleifen und Kurvaturen so lange über die Leinwand, bis sie jede distinktive, begrenzende oder beschreibende Qualität verliert. Die Linie, wie sie auf den Computerbildern erscheint, ist so etwas wie ein labyrinthisch gewordener Ariadnefaden: Sie grenzt nicht ein oder legt sich fest, sondern sie verstrickt sich lustvoll in sich selbst, verbindet alles so miteinander, dass schlussendlich kein Weg mehr aus dem Bild hinaus führt.

Die sinnliche Lust dieser Linie, ihre implizite Nähe zum Körper zeigt sich an vielen Stellen dieses Werks und erinnert bisweilen an Willem de Koonings zeichnerische Balanceakte, bei denen jede noch so abstrakte Linie immer auch die Erinnerung an die Rundung eines Frauenkörpers in sich trägt. In *Fleisch* (1995; Abb. S. 101) macht Oehlen dies zum ironischen und – wie könnte es anders sein – ambivalenten Thema. Zwischen quadratischen, ovalen und runden computergenerierten Formen sowie vor und hinter verwischten Übermalungen schlängeln sich computererzeugte und gemalte Linien Schleifen bildend durch den gesamten Bildplan und schaffen ein instabiles Gespinst aus Wiederholungen, in dem sich maschinelle Kühle und eine nicht zuletzt durch den das Bild beherrschenden bräunlich-rosafarbenen Fleischton evozierte Erotisierung der Linie die Waage halten. Es sind solche Bilder, an denen deutlich wird, dass Albert Oehlen die Malerei als einen Körper behandelt, dessen sinnliche Evidenz sich aber nur in dem Maße zeigen darf, in dem sie andererseits auch konterkariert und zum puren Artefakt umcodiert wird. Immer betreibt der Künstler zugleich die Behauptung des Malkörpers als sinnliche Fülle und als Dehydrierung, als Austrocknung zum zeichenhaften Phantom. Und bezieht sich damit nicht zuletzt auch auf eine strukturelle Problematik, die im Werk de Koonings leitend war: De Kooning »hat an Linien gearbeitet, bewusst und sorgfältig. Er wollte wissen, was geschieht, wenn man aus einem erotischen Gemälde fast den ganzen erkennbaren Inhalt herausnimmt. Meine eigene Problemstellung sieht sehr ähnlich aus.«[11]

Vergessen auf Rädern, 2005

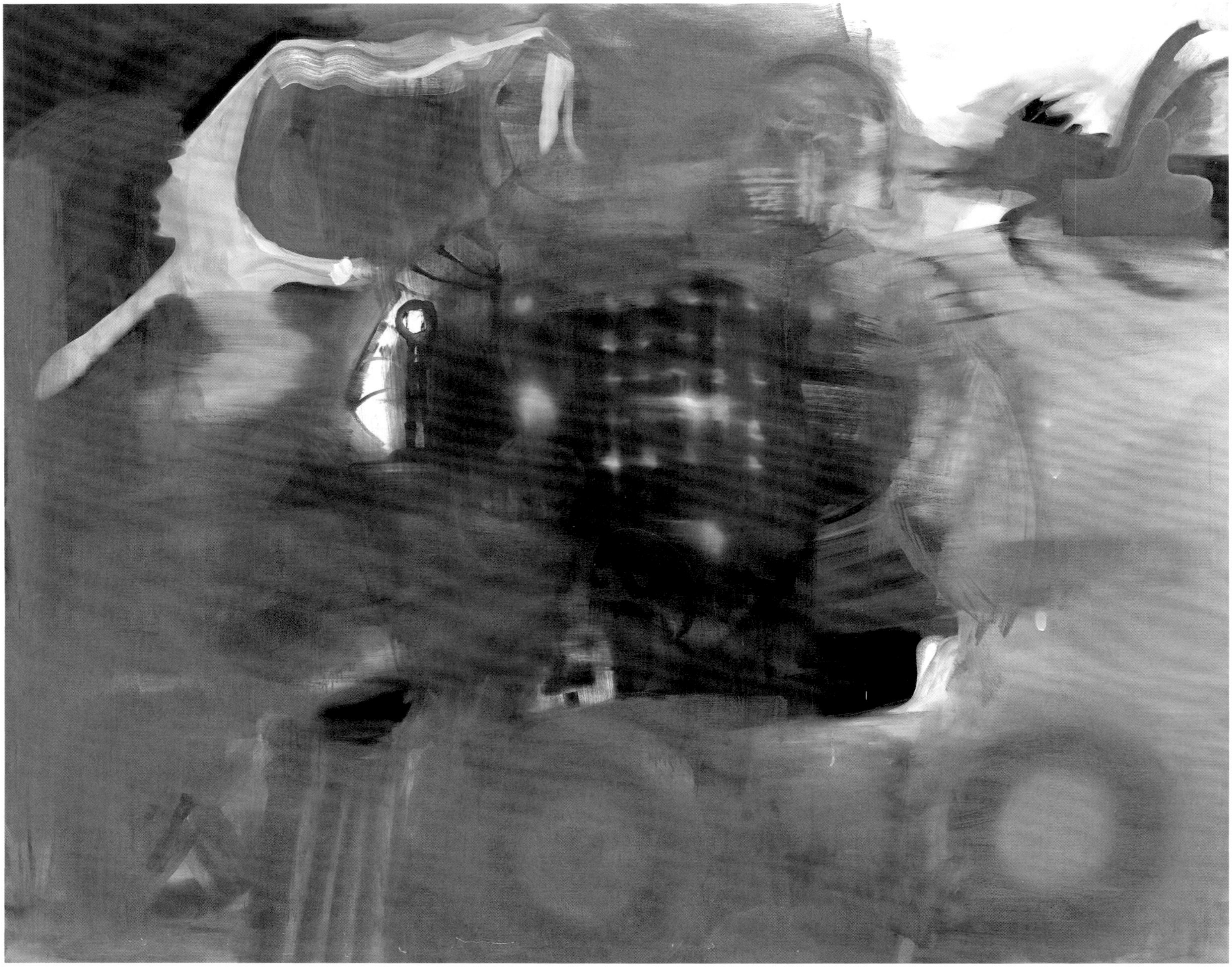

Grey Lagoons

Grey Lagoons ist kein Bild von Albert Oehlen, sondern ein Song von Roxy Music aus ihrem zweiten, 1973 erschienenen Album *For Your Pleasure.* Dass mir dieser Song während der Beschäftigung mit Albert Oehlens Werk plötzlich, dann aber dauerhaft in den Sinn kam, hat zunächst ganz simpel mit dem Titel zu tun, der sich direkt in den grauen Bildern Oehlens zu spiegeln scheint, in diesen Bildlagunen, in denen all das, was einmal das mimetisch-narrative Versprechen der Malerei war, langsam in die Tiefen eines grauen Farbsumpfes wegsackt. Andererseits könnte man mit den Worten Bryan Ferrys durchaus auch beschreiben, was auf vielen Bildern Albert Oehlens passiert: »Blue suns and grey lagoons / Silver starfish with honeymoons / All these and more to choose / If you / Satin teardrops on velvet lights / Morning sickness on Friday nights / Heaven knows what others I might bring / To you«. Und am Schluss bleiben dann doch nur »hopeless cases with fake alibis.« Dieses Versprechen von Fülle und Vielfalt zwischen Schönheit und Erbrechen mit diesem steten Hinweis darauf, dass da immer noch mehr kommen könnte, das sich am Ende doch nur als hoffnungsloser Fall mit gefälschtem Alibi entpuppt, ist auch Oehlens Werk durchaus vertraut. Wobei gleichzeitig natürlich genau in der Hoffnungslosigkeit und den falschen Alibis das wahre Versprechen sowohl der Musik von Roxy Music als auch der Malerei von Oehlen liegt. Das manierierte Timbre von Bryan Ferrys Stimme, die Paradiesvogel-Elektronik von Brian Eno und die scharfe Gitarre von Phil Manzanera ergeben eine Mischung aus synthetischer Kühle und manieristisch überdrehter Emotionalität, für die Künstlichkeit und permanente Ambivalenz zum wahren Maßstab für Authentizität geworden ist.

Die grauen Bilder im Werk Albert Oehlens, die ab 1997 entstehen, entspringen denn auch folgerichtig einer künstlichen Versuchsanordnung, die wiederum Züge eines paradoxen Exorzismus in sich trägt. Entstanden sind sie zu einem Zeitpunkt, als der Maler in Spanien nur noch rote und grüne Farbe hatte, die er auf seinen sonstigen Bildern nur selten benutzte.[12] Aus der Mischung der beiden entstand dieses merkwürdig nichtfarbige Grau, mit dem Oehlen seinen Bildern die Farbe austreibt, um zugleich dadurch seine Lust auf Farbe anzustacheln. »Ich wollte noch stärkerfarbige Bilder malen und habe mir die grauen als Therapie verordnet, um die Gier nach der Farbe künstlich zu steigern.«[13]

Den Zweifel am Wahrheitsgehalt und der Aussagefähigkeit des Bildes, das wir uns von der Realität machen, der beispielsweise Gerhard Richters graue, unscharf erscheinende Fotomalerei wesentlich antreibt, haben diese Bilder weit hinter sich gelassen. Sie sind mit sich allein und ihrem permanenten Kampf darum, das, was sie hervorbringen, wieder zu tilgen, und das, was in ihnen vergeht und versinkt, zugleich wieder zur nebulösen Gestalt, zur halb konkretisierten Form werden zu lassen. Verwischt schieben sich die Formen aus den suppigen Tiefen des Bildes nach vorne, verdichten sich, wie in *Raucher* (1999; Abb. S. 120) zu einer comicartigen Gestalt, die den Titel des Bildes aber nur so weit zu bestätigen scheint, wie sie ihn andererseits ins Leere laufen lässt und das Bild an seine eigene Haltlosigkeit ausliefert.

Komplexitätsmaximierung

Wo die grauen Bilder das graue Rauschen einer Indifferenz erzeugen, in der alle scheinbaren Gegensätze zwischen Abstraktion und Gegenständlichkeit, zwischen malerischem Weltbezug und autonomer Selbstbestimmung eingeebnet werden, argumentiert eine Bildgruppe, die ab 1997/98 entstand, mit einer Überfüllung des Bildplans, die die Malerei direkt bis zum Kollaps treiben will.

Diese extrem farbige Malerei erhält durch Fotoausschnitte aus Zeitungen und Magazinen, die als Siebdrucke in die Leinwand eingearbeitet werden, eine zusätzliche Dichte, die zugleich jeglichen informativen Gehalt verweigert. In-Formierung bedeutet hier, das Bild mit so viel Inhalt zu füllen, bis diese Ein-Formung das Bild in eine genau berechnete artifizielle Formlosigkeit treibt.

Ein Beispiel für diese Strategie ist *Taschentuch* (1998; Abb. S. 95), eine fulminante Komposition, die auf einem ornamentalen Teppichmuster aufgebaut ist, das zu den Seitenrändern des Bildes unscharf ausläuft und in der Mitte eine kreisrunde Öffnung aufweist, die mit komplexen, von Lineaturen durchkreuzten Maloperationen gefüllt ist, unter denen das Weiß der Leinwand nur noch partiell durchschimmert. Unterhalb des oberen Bildrands ist der Siebdruck einer teilweise übermalten jungen Frau zu sehen, die in der gedrehten Position, in der sie in das Bild eingearbeitet wurde, ebenso zum rein ornamentalen Bestandteil der Komposition wird wie ein in die Bildmitte integrierter Siebdruck eines Schriftplakates. Gerade in seiner auf sein kreisförmiges Zentrum angelegten Kompositionsform macht *Taschentuch* nicht nur deutlich, dass es genau dieses Zentrum nicht mehr geben kann, sondern saugt in sein paradoxes Antizentrum auch gleich noch alle Versuche, diese Malerei auf irgendeinen eindeutigen Aussagestatus festzulegen, und sei es nur den, dass sich hier alle Inhaltlichkeit zugunsten einer durchgehenden Ornamentalisierung verflüchtigt hätte.

Das Programm Oehlens ist radikaler und zielt eher auf eine durchgehende Kontaminierung des Malprozesses. Bilder wie diese sind virale Systeme, die alles, womit sie in Kontakt kommen, infizieren und den Infektstatus der Malerei – sozusagen ihre stets erhöhte Temperatur – zur conditio sine qua non erheben. Diese Malerei hat kaltes Fieber.

Nächtliches Plakatekleben

In den letzten Jahren hat sich der Bildplan im Werk von Albert Oehlen zusehends und nahezu radikal geleert. Der weiße Grund des Bildträgers, lange Zeit so gut wie nicht existent, bildet nun den entscheidenden Bezugsrahmen für die malerischen Operationen des Künstlers. Zwischen spontaneruptiv wirkender Lineatur und unscharfen, flächigen Verwischungen entfaltet Oehlen ein fast delikates Spiel der malerischen Ausfransung und Zusammenziehung, der Verdichtungen und Ausuferungen mit einer Farbpalette, deren irisierende Blau-, Rot-, Violetttöne eine Ahnung von Bonnard in sich tragen. Neben die rein malerischen Arbeiten tritt eine Gruppe von Werken mit aufgeklebten Werbeplakaten, Postern und Fotos, die sich als collagierte Elemente auf dem Bildträger finden. Zum Einsatz kommt dabei unter anderem ganz bewusst auch plakativste, primitivste Supermarktwerbung. Bilder und Texte, die ihre Botschaft so laut und unmissverständlich herausschreien, dass sie eigentlich unmöglich überhört oder gar missverstanden werden können. Es ist dieser Widerstand, gegen den die Malerei dann anarbeitet, um an dieser erhöhten Hürde zu zeigen, wie sie selbst der plumpsten Eindeutigkeitsattacke jegliche Inhaltlichkeit austreibt. »Mein Anliegen war eine abstrakte Malerei, die durch penetrante Werbeelemente eine genervte Stimmung hat. Ich wollte die Bilder unbedingt als Malerei deklarieren – im Gegensatz zur Collage. Es ergeben sich gelegentlich Witze aus dem Zusammenspiel zweier Plakate. Aber da ist keine inhaltliche Aussage zu suchen. Der Inhalt implodiert.«[14]

Im Grunde ist das kein anderes Verfahren als im bisherigen Werk von Albert Oehlen. Auch da geht es stets um paradoxe Ambivalenzstrategien, in denen bestimmte Ebenen, Themen und Haltungen ins Bild geholt werden, um sie dann genussvoll zu zerlegen oder ins Leere laufen zu lassen. Und deswegen geht es auch im Falle der Fotocollagen keineswegs nur darum, durch die grellen

Elemente der Poster bestimmte Effekte zu produzieren, gegen die sich dann die Malerei behaupten muss, sondern mindestens genau so sehr darum, durch die Malerei diese Effekte auf die Ebene einer inhaltsfreien, sozusagen frei verfügbaren Artifizialität und Abstraktheit zurückzuholen.

Diese neuen Arbeiten strahlen eine Leichtigkeit und eine Selbstverständlichkeit aus, die im bisherigen Werk so nicht zu finden war. Und zugleich sind sie möglicherweise die riskantesten Arbeiten, die Oehlen bislang gemalt hat. Zwar gestattet sich die Malerei auch hier noch bisweilen Verklumpungen und Verdickungen, die mit den Durchstreichungen und Übermalungen früherer Jahre zu tun haben. Aber grundsätzlich geht es nun nicht mehr in erster Linie um eine Malerei, die das, was sie tut, zugleich ein Stück weit widerlegt, sondern ganz deutlich um das Wagnis einer freigesetzten, zu nichts mehr verpflichteten reinen Malerei, die zudem auch ganz unverhohlen einem Moment ungebrochener Schönheit huldigt. Jede Pinsellinie, jeder Farbklang muss sich in erster Linie als das behaupten, was er für sich selbst ist, und zeigt dabei seine spontane, unkorrigierbare Direktheit. Je weiter Oehlen innerhalb dieser Werkgruppe voranschreitet, umso weniger scheint er die collagierten Plakatmotive, sei es als Widerlager zur Malerei oder als Möglichkeit zu assoziativen Verknüpfungen, überhaupt noch zu benötigen. Immer deutlicher steht die Malerei nackt vor uns, als Ausdruck einer malerischen Haltung, die nichts mehr beweisen muss, sondern nur noch nach Lösungen sucht, die dem Medium angemessen sind. Man könnte auch sagen, diese Malerei ist weitestgehend das, was sich Albert Oehlen immer von ihr gewünscht hat: reiner Sound.

1 Roberto Ohrt, »Ohne Titel (Frühwerk)«, in: Hans-Werner Holzwarth (Hrsg.), *Albert Oehlen,* Köln 2009, S. 24.

2 Vgl. dazu *dum-dum,* Zeitschrift von Albert Oehlen, Werner Büttner und Georg Herold, Hamburg 1978.

3 Vgl. dazu auch Ralf Beil, »Rotlichtbezirk. Vom Eros der Verunreinigung im Œuvre Albert Oehlens«, in: *Albert Oehlen. Selbstportrait mit 50-millionenfacher Lichtgeschwindigkeit,* Ausst.-Kat. Musée cantonal des Beaux-Arts de Lausanne, Zürich, 2004, S. 28.

4 Diedrich Diederichsen, »Für eine Medientheorie der Malerei – Das Beispiel Albert Oehlen«, in: *Albert Oehlen. Malerei,* Ausst.-Kat. Deichtorhallen Hamburg, 1994, S. 18.

5 Sebastian Frenzel im Interview mit Albert Oehlen, in: *Monopol,* 1, 2010, S. 41.

6 Vgl. dazu ebd., S.45.

7 Diedrich Diederichsen, in: Ausst.-Kat. Hamburg 1994 (wie Anm. 4), S. 26.

8 Klaus Kertess, »Unreine Handlungen«, in: Holzwarth 2009 (wie Anm. 1), S. 478.

9 »Bionische Malerei: John Corbett im Gespräch mit Albert Oehlen«, in: ebd., S. 254.

10 *Albert Oehlen,* Ausst.-Kat. Carré d'Art – Museé d'art contemporain de Nimes, Nimes 2011, S. 20.

11 Albert Oehlen, in: Holzwarth 2009 (wie Anm. 1), S. 254.

12 Vgl. Gespräch zwischen Judicael Lavrador und Albert Oehlen, in: Ausst.-Kat. Nimes (wie Anm. 10), S.19.

13 Vgl. Holzwarth 2009 (wie Anm. 1), S. 378.

14 Vgl. ebd., S. 578.

Terpentin, 1995

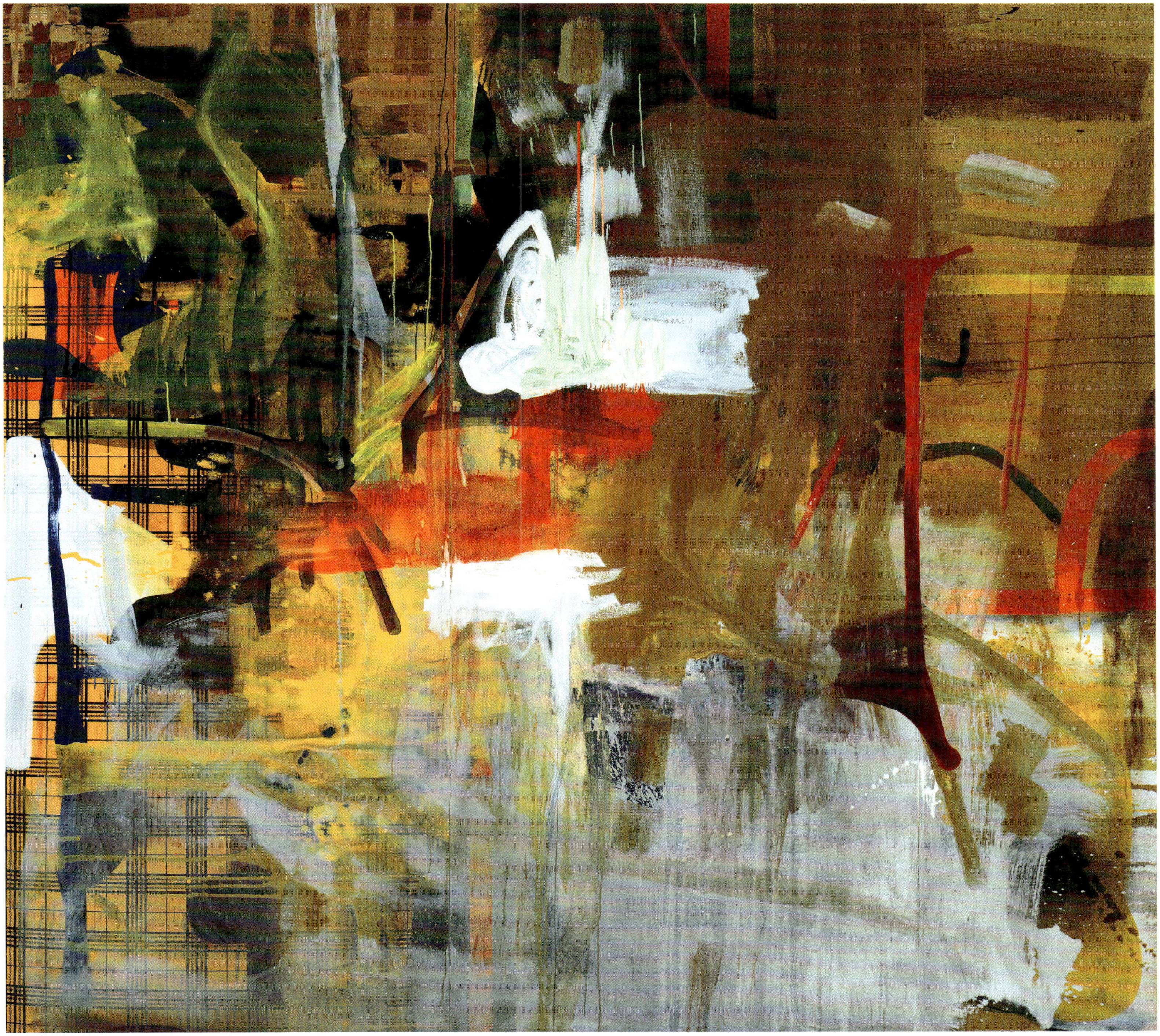

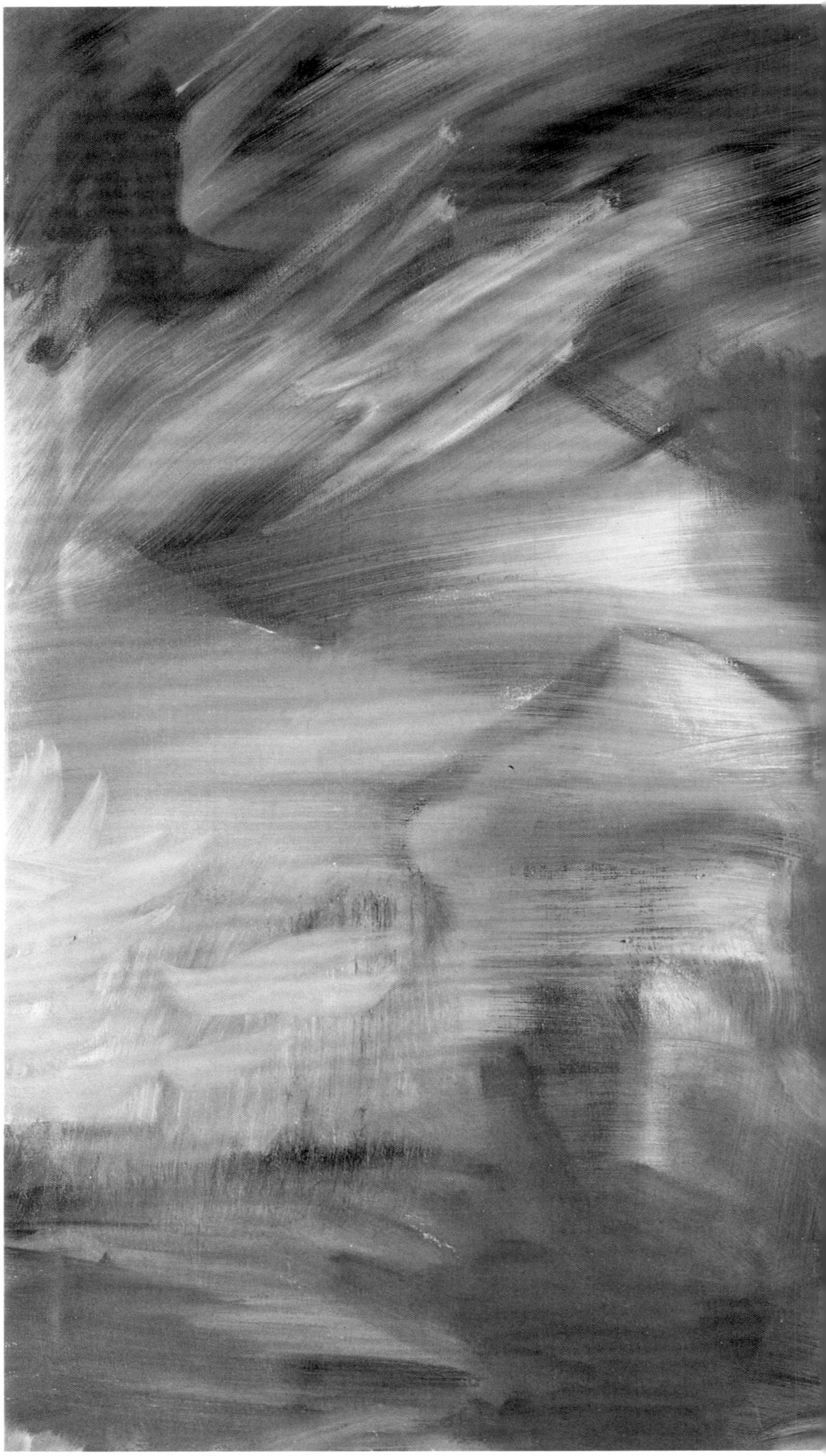

Ohne Titel / Untitled, 1994

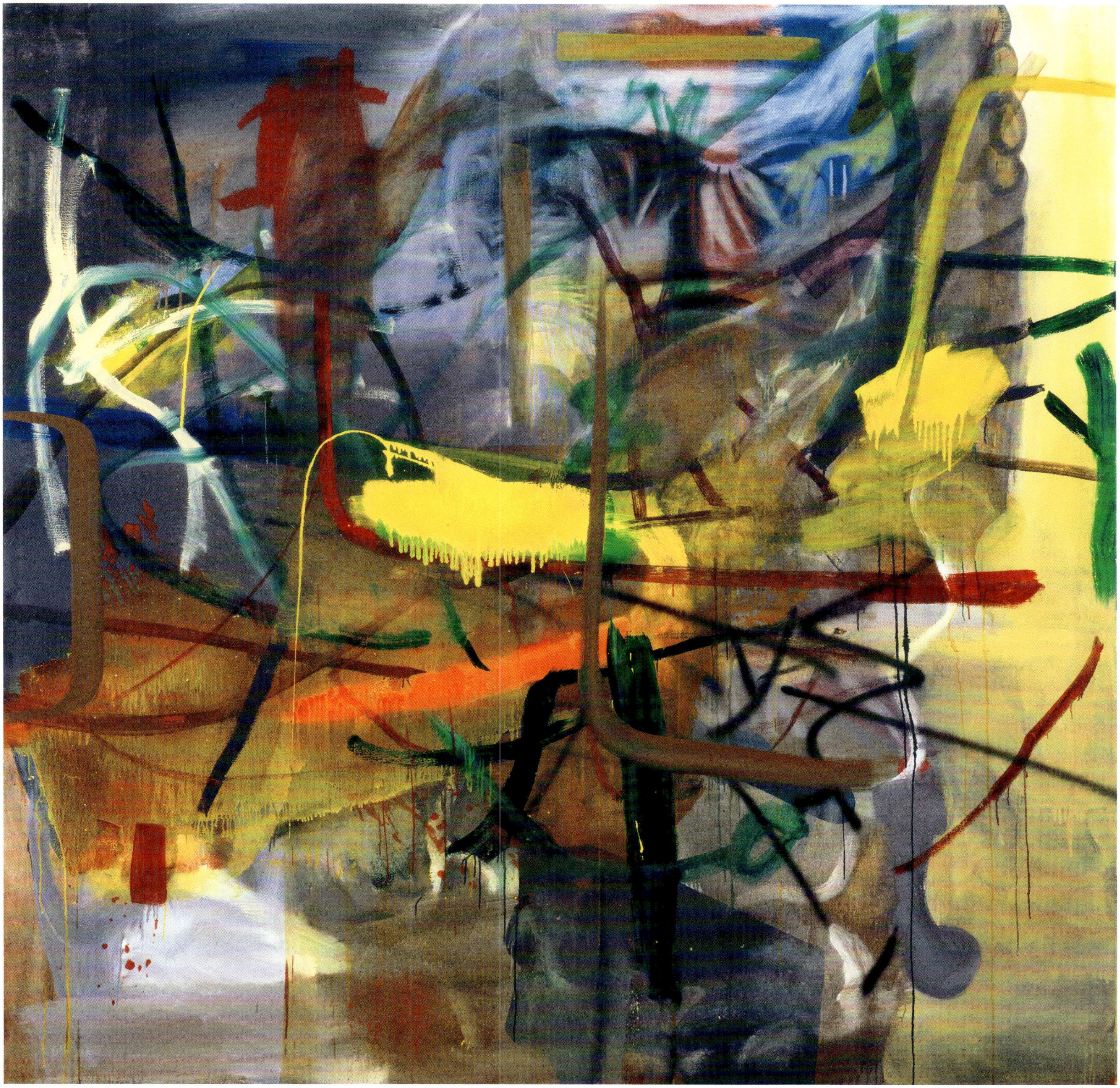

Raum für phantasievolle Aktionen, 1983

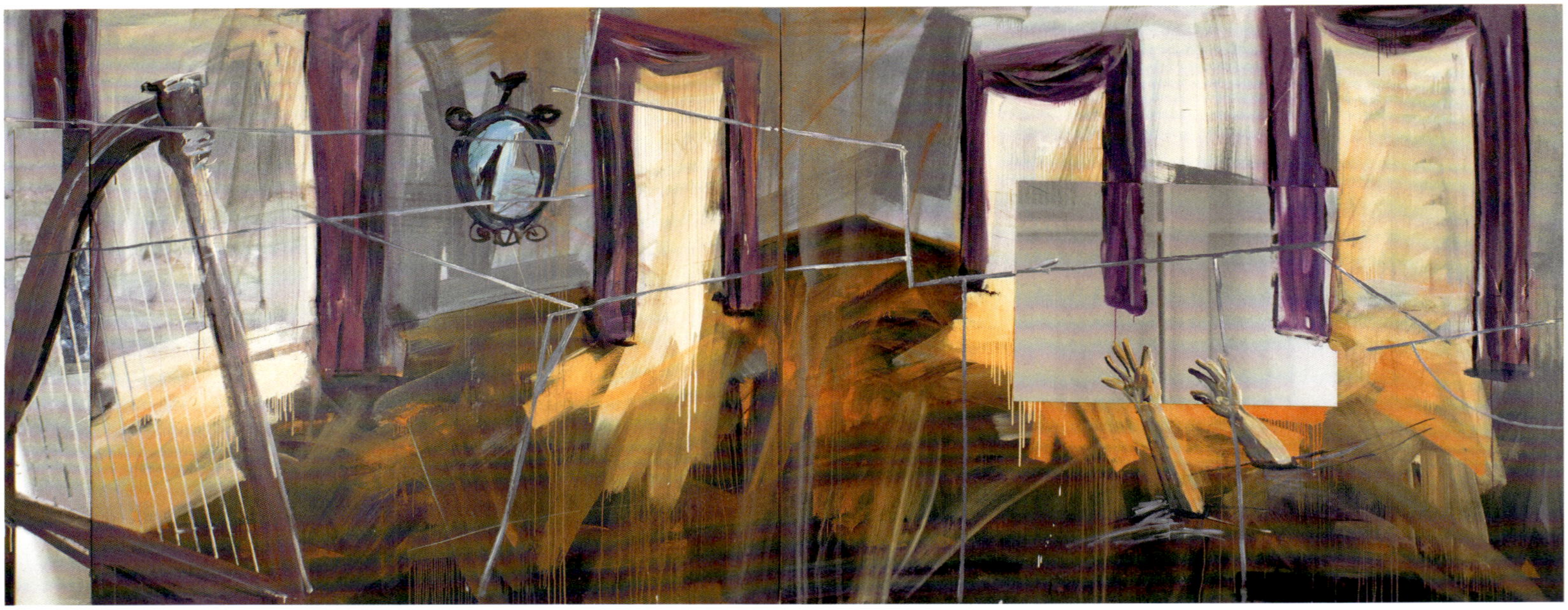

Stephan Berg

Cold Fever

Space for Fanciful Actions

Presented to view is the wreckage of a grand pictorial tradition which extends back to the Renaissance: A series of four passageways, painted in receding perspective and hung with violet curtains, vaguely subdivides a space out of whose seemingly fathomless, gesturally agitated, muddish brown paint two arms stretch upward in desperation toward the right edge of the picture, while on the left a harp leans in precarious isolation. Glued at two places onto the pictorial field filled with painted gashes and fractures are rectangular mirrors. The corresponding painted image is a small, oval mirror in the background of the picture. Albert Oehlen's *Raum für phantasievolle Aktionen* (Space for Fanciful Actions, fig. p. 28) from 1983 is a pictorial ruin, from its impudent, lackadaisical manner of painting and dirty colors all the way to the composition of its motifs, and it clearly revels in this provocativeness. Giovanni Battista Alberti's thesis, formulated in 1435–36, of the picture as a window onto a more ideal reality experiences a thoroughgoing rejection here, but this subtext works *ex negativo* within the painting. For the picture basically consists of nothing other than windows—on the one hand, in the shape of the four passageways; and on the other, in the form of the two glued-on mirrors. But the passageways, in spite of their rather pompous, curtained framing so abundantly charged with the rhetoric of prestigious, feudal architecture, lead only into a bright, dirty nothingness. The mirrors connect the space of the viewer with that of the picture, but at the same time they reverse the Renaissance perspectival view into the alluring pictorial depths and do the opposite. Instead of enticing us into the illusory space of painting, the mirrors confront us with ourselves and our perplexed astonishment at this painterly pamphlet.

There is no way out of this dingy, disordered pictorial space in which the imploring, outstretched arms indicate the subjective presence to be only a vestigial residue, utterly at the mercy of the brownish, vortical background into which it threatens to disappear. One almost feels reminded of Goya's epochal *El Perro* (1820–23) from the *Pinturas negras,* the canine head that protrudes as the last remaining object out of a massive, brownish, sandy dune of paint. But where Goya makes empathy with the helpless, suffering creature his principal theme, Oehlen quotes this gesture of pathos only to distort it into strident farce. Here it is no longer a matter of a deep, authentic terror that everything is falling apart and that the individual is menaced with submersion in what have become uninhabitable spaces. Instead, all this is presented so crudely, in a scene-shifting, theatrical rhetoric of "as if," that the essential nature of this picture becomes instantly recognizable—namely an assertion which is only credible to the extent that it is made ironic, destabilized, and turned into its own contradiction. In this respect, *Raum für phantasievolle Aktionen* is a programmatic picture: it shows that the "fanciful actions" which it was possible for Oehlen to realize in

Ohne Titel / Untitled, 1989

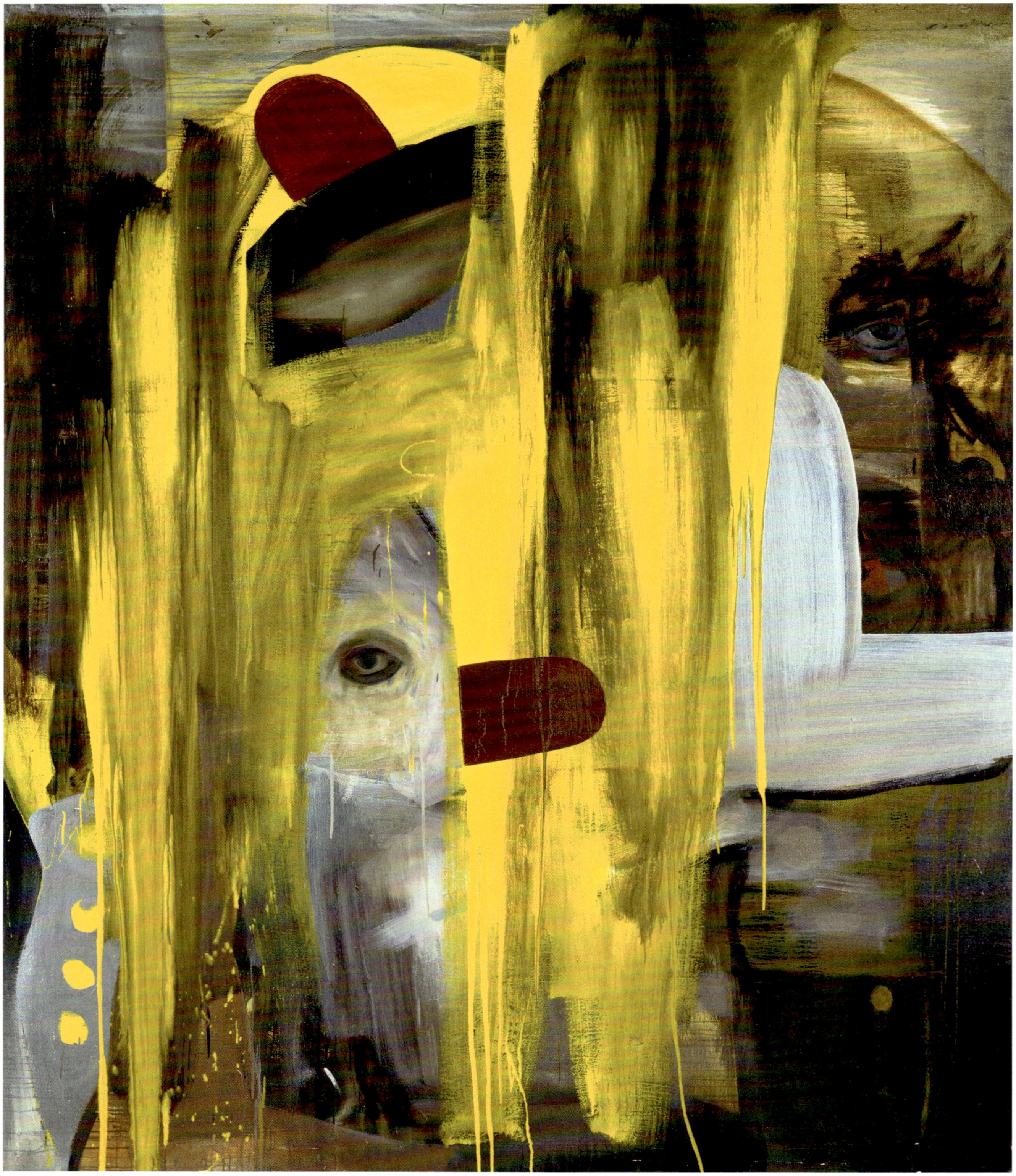

pictorial space during the early nineteen-eighties basically consist only of its negation, and in turn the artistic work is simultaneously able to create a picture out of this paradoxical assertion.

Intermediate Zones

The aspect of negation, of the crossing-out of the classical pictorial tradition, characterizes Oehlen's manner of painting until approximately the mid-nineteen-eighties. But from the very beginning, he does not practice a simple anti-gesture, but instead achieves a complex, conceptual simultaneity of pictorial, painterly, and motific emptying along with artistic reconstitution. "Bad Painting"—a term that goes back to the *Bad Painting Exhibition* which Marcia Tucker curated in 1978 for the New Museum of Contemporary Art in New York—was the label used to summarize rather precisely the ironical, improper attitude that lay behind this type of painting from the early nineteen-eighties. It was never a matter of bad painting as an expression of the inability to do better, but rather of the disinclination to do better. This was a "linguistic undermining of painting"[1] which broke down painting and its motifs into their individual, disconnected elements and drove them to the limits of what a picture could endure. Indeed, this rough, spontaneous, and smeared quality was the true attitude of a style of painting that was concerned not "with being authentic, but with being tactically correct."[2]

The difficulty with this sort of "bad painting" lay right from the start in not simply letting it happen or passively accepting it, but instead in creating it quite deliberately[3] and thereby subverting the failure that the picture asserts on its surface. Not only was Albert Oehlen aware of this paradox, but he also used it in the subsequent period in order to develop his pictures further into structurally paradoxical, ambiguous statements. The breakthrough in this regard came at the end of the nineteen-eighties with the disappearance of objective motifs and references from his painting: "Imposing on art with content. That has a time limit . . . because you can't go on doing it. It remains an unparalleled, magnificent provocation, but it is not a recipe."[4] During an interview in 2010, Albert Oehlen summarized his problematical relationship to object-based painting as follows: "When I was still painting objects, the question was: how can you treat something heroically? We placed banal objects in the middle of the picture, and then at some point the realization came: Not much more than irony emerges. Then came the cross check: can you do a number on something? And only then did it become clear that the result looked exactly the same and that you always do a number on yourself as well when you paint with disdain."[5]

After the object had been expelled from the painting in a manner not unrelated to exorcism, there came the proclamation of "post-non-concrete representation," which for its part refers to the structural dichotomy within a work that can never be brought entirely into correspondence with itself. "Post-non-concrete representation" not only signals the painter's disinterest in the formerly so vigorous and clashing debate between concrete representation and abstraction. The term also indicates that for Oehlen concrete representation no longer existed as a challenge relating to content, but now solely as an element serving painterly formalization. In the mode of post-non-concrete representation, the painter discovers in the object its latent abstraction and artificiality, and manifests it in the form of pictures that desire to be nothing other than pure artifacts.[6]

This is first of all a mere assertion, one that has, moreover, a certain Münchausenian quality: The picture pulls itself up by its own bootstraps, as it were, out of the bog of a historical debate on painting, and positions itself within an intermediate zone in which it purveys neither anti-painting nor culinary pictorial prettiness, neither abstraction nor concrete representation, but instead pursues

Vernzone, 1997

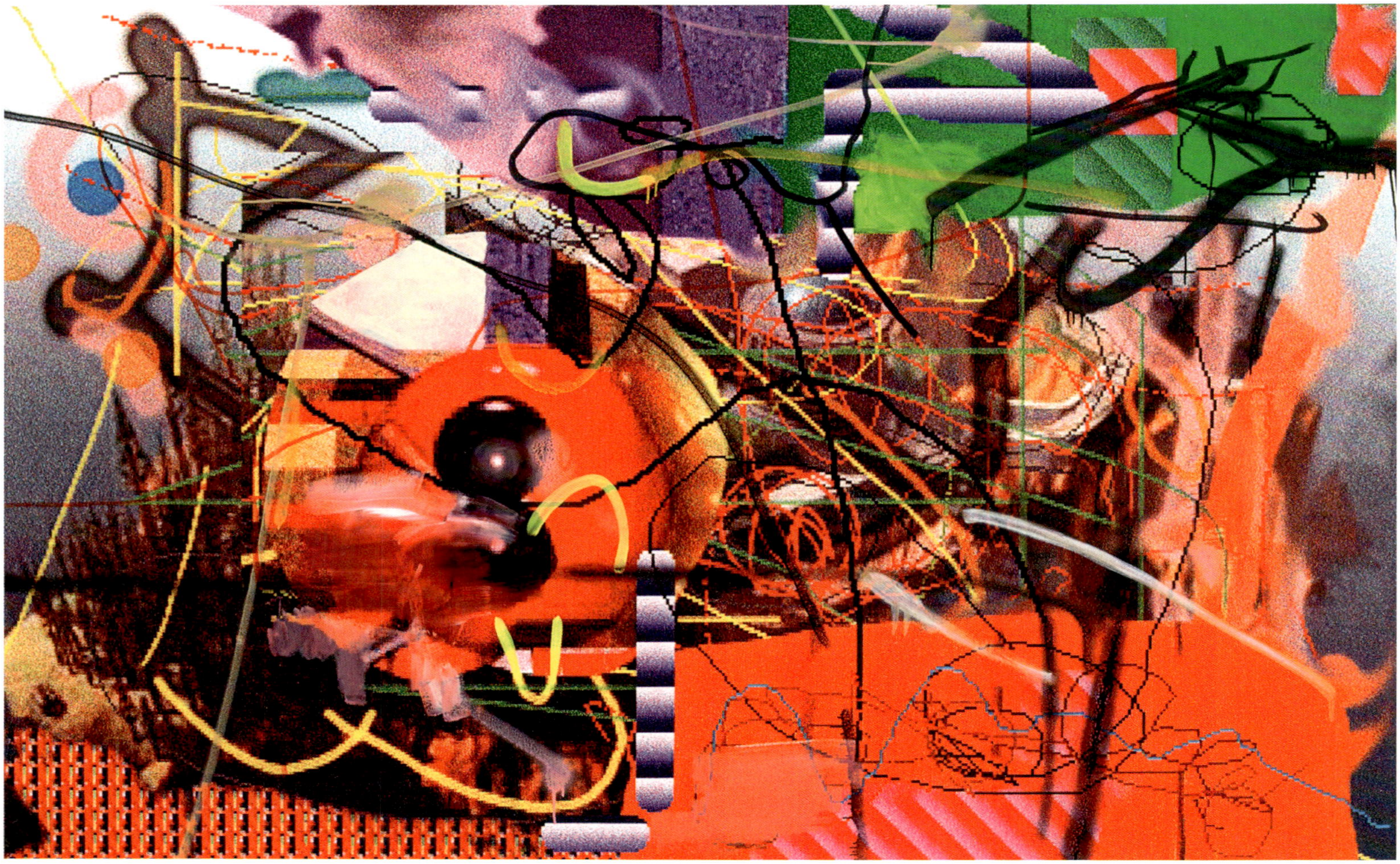

solely its status as a constructed, created art product. Painting gazes over its own shoulder, as it were, and thereby formulates each brushstroke as an ambivalent gesture between self-expression and commentary. Like every important painterly oeuvre of the last thirty years, the painting of Albert Oehlen attains its authenticity only through the mode of non-authenticity. Diedrich Diederichsen has summarized this paradoxical act of equilibrium in the following way: "It [the art of Albert Oehlen] shows that, where everything is contradicted and nothing is possible, there is much which finds a place, assumes a shape, in other words: possibilities that something can be achieved after nothing more can be achieved attain a form."[7]

Drawing Program

The picture entangled within itself, balancing on the narrow edge between implosion and explosion, between deletion and generation, comes to the fore in Oehlen's oeuvre in quite different ways, but always as a gesture that partially contradicts what it asserts, and energetically asserts what it contradicts. This is demonstrated impressively in the computer images created since 1990. The works created with the help of a simple graphics program from Texas Instruments formulate a peculiar collision between the mechanical and manual production of pictures. The computer compositions consisting of awkward, coarse-pixeled lineation are first printed, then transferred as screenprints onto canvas, where finally they are further treated with paint and brush.

The result is less a "digital response to Pollock's and Kline's gestural improvisations"[8] than an extremely clairvoyant discourse about the inherently ambivalent structure of the picture as an artifact. It turns out that the view of the picture in its totality does not show a conflict between the cold, technical composition of the computer and its heated, manual revision, but instead demonstrates the reverse process: "The picture becomes even more artificial through the hand-made alterations."[9] In converse argument, this means that the stuttering, touchingly clumsy computer graphics forming loops, zigzag pixel patterns, and clusters, then inflated by the screenprint process, do not constitute the artistic counterpart to the authentic signature of painting, but instead represent its continuation by other means.

The computer images were generated out of a set totaling some ten to fifteen basic motifs that were varied again and again. Their fresh and contemporary appearance, in spite of the digital technology that seems archaic from a present perspective, has to do with the fact that Oehlen reckoned with the rapid aging of the medium right from the beginning. In 1990 it was the limitedness—also apparent at that time—of the possibilities offered by these computer programs that induced the painter to work with them at all. The appeal lay not in expanding the painterly possibilities through mechanical, technical refinements, but rather in limiting them. It is the very awkwardness of the graphic program which perfectly fulfills Oehlen's claim to anti-virtuosic and anti-compositional pictorial invention and, moreover, imbues the mechanically generated results with a hint of paradoxical-perverse authenticity that utterly negates all expectations of actual authenticity. In an interview on the occasion of his exhibition at the Carré d'Art in Nimes during 2011, Oehlen explained: "Normally the computer helps you to do something that you otherwise couldn't do. Computers open a window onto the future. Here things are reversed. The painter corrects the pixels, and ultimately the computer image gives rise to a hand-painted picture."[10]

The Labyrinthine Line

In the computer images there appears for the first time, prominent and pictorially dominant, the protagonist destined to play an essential role in the further development of the oeuvre—namely the line. It is in a sense preformed by the tree pictures from the early nineteen-eighties and the rhizomatic structure of their network of roots and branches. For example, in *Ohne Titel* (*Untitled,* fig. p. 16), there grows out of a gestural, brown-yellow ooze of paint an arboreal structure whose still recognizable tangle of black branches ramifying outward from a central trunk are abstracted and obscured by additional linear elements. But basically this work from the nineteen-eighties is clearly marked by a compact, heavy, sometimes seemingly drenched style of painting based on opaque, caked-together fields of paint in which the line appears only as a contouring accessory.

Indeed, a more extreme contrast is scarcely conceivable between the heavy, completely paint-covered canvases, strangely blurred at their pictorial centers, which were created at the end of the nineteen-eighties, and the almost airy group of computer pictures from 1990 onward. But the manner in which Albert Oehlen utilizes painterly totality on the one hand, and graphical linearity on the other, evinces structurally astounding parallels. In both cases, it is a matter of avoiding non-ambiguity and compositional hierarchy, as well as of generating a pseudo-space strangely oscillating between flatness and depth. And just as, at the end of the nineteen-eighties, Oehlen used paint above all to repeatedly apply and cover it over until it had become formless and unidentifiable, so does he now compel the computer-driven line to wander so long in loops and curves over the canvas until it loses any distinctive, delimiting, or descriptive quality. The line, as it appears in the computer pictures, is something like a labyrinthine Ariadne's thread: it does not set limits or define itself, but instead enmeshes itself with gusto within itself, connects everything to everything else, so that ultimately there is no longer a path out of the picture.

The sensual delight of these lines, their implicit proximity to the body, is evident at many points in this oeuvre, and recalls from time to time Willem de Kooning's act of graphical equilibrium in which every line, no matter how abstract, also carries within itself a memory of the curvature of a female body. In *Fleisch* (Flesh, 1995; fig. p. 101), Oehlen makes this his ironical and—how could it be otherwise—ambivalent theme. Among square, oval, and circular computer-generated forms as well as in front of and behind blurred overpaintings, both computer-created and hand-painted lines wind their way in snakelike loops across the entire pictorial pattern, creating an unstable web of repetitions in which a delicate balance between mechanical chillness and an unstable eroticization of the line is evoked, not least of all, by the brownish-pinkish flesh tones that dominate the picture. It is these sorts of pictures which make it clear that Albert Oehlen treats painting as a body whose sensual impact is only permitted to show itself to the extent that it is thwarted and recoded into a pure artifact. The artist consistently makes an assertion of the painterly body as sensually suffused abundance and as dehydration, as a desiccated dwindling into an emblematic phantom. And here, not least of all, he makes reference to a structural issue that was constitutive in de Kooning's oeuvre: De Kooning "worked on lines deliberately and carefully. He wanted to know what happens when one takes almost the entire recognizable contents out of an erotic painting. My own fundamental challenge looks quite similar."[11]

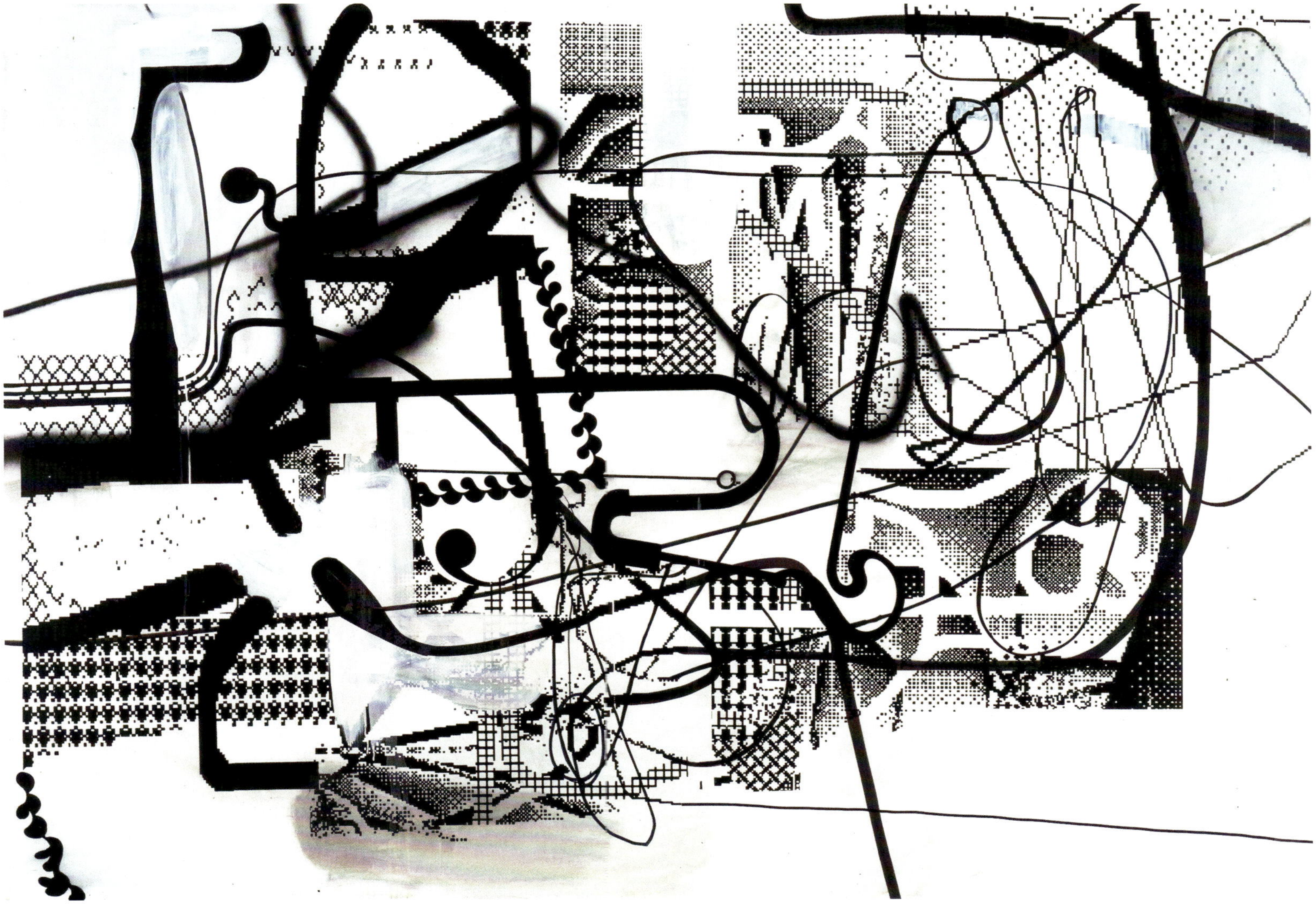

Easter Nudes, 1996

Grey Lagoons

Grey Lagoons is not a picture by Albert Oehlen, but instead a song by Roxy Music from their second album, *For Your Pleasure,* which appeared in 1973. The fact that during the author's involvement with Albert Oehlen's oeuvre this song suddenly, but then continuously, came to mind has first of all to do quite simply with the title, which seems to be directly mirrored in Oehlen's gray pictures, in the pictorial superimpositions where everything that once constituted the mimetic-narrative promise of painting slowly subsides into the depths of a gray swamp of paint. On the other hand, one could appositely describe in the words of Bryan Ferry that which occurs in many pictures of Albert Oehlen: "Blue suns and grey lagoons / Silver starfish with honeymoons / All these and more to choose / If you / Satin teardrops on velvet lights / Morning sickness on Friday nights / Heaven knows what others I might bring / To you." And at the end there remain only "hopeless cases with fake alibis." Oehlen's work is thoroughly familiar with this promise of abundance and variety between beauty and nausea, with the constant reminder that still more could come, but which ultimately reveals itself to be a hopeless case with a fake alibi. Of course it is exactly in hopelessness and false alibis that the true promise of both the music of Roxy Music and the painting of Albert Oehlen lies. The mannered timbre of Bryan Ferry's voice, the flamboyant electronics of Brian Eno, and the piercing guitar of Phil Manzanera give rise to a mixture of synthetic chillness and manneristically exaggerated emotionality for which artificiality and permanent ambivalence have become the true measure of authenticity.

The gray pictures in Oehlen's oeuvre, which he began creating in 1997, thus arise logically out of an artificial experimental arrangement which in turn shows characteristics of a paradoxical exorcism. They were done at a point in time when the painter was in Spain and had at his disposal only red and green paint, which he used infrequently on his other paintings.[12] The mixture of the two gave rise to the remarkably non-colored gray with which Oehlen expels color from his paintings, and thereby simultaneously piques his delight in color. "I wanted to paint even more intensely colored pictures, and I prescribed to myself the gray tones as therapy, in order to artificially heighten the lust for color."[13]

These pictures have left far behind that doubt as to the truthful contents and expressive capabilities of the picture that we make for ourselves out of reality—the same doubt that is, for example, the prime impetus for Gerhard Richter's gray, blurred photo-paintings. They are alone with themselves and with their permanent struggle to obliterate that which they generate, and to usher that which dissolves and subsides in them back toward nebulous shape, toward half-concretized form. The forms protrude indistinctly from the soup-like depths of the picture, condense, as in *Raucher* (Smoker, 1999; fig. p. 120), into a comic-book-like figure which, however, seems to confirm the title of the picture only insofar as it empties the designation of all meaning and leaves the picture at the mercy of its own instability.

Maximization of Complexity

There where the gray pictures create the gray noise of an indifference in which all apparent contradictions between abstraction and concrete representation, between painterly involvement in the world and autonomous self-definition, are smoothed over, a group of pictures created from 1997–98 onward argues through an overabundance of the pictorial pattern that seeks to drive painting directly to the point of collapse. By means of sections of photographs from newspapers and magazines that are incorporated into the canvas as silkscreens, this extremely colorful manner of painting attains an additional density which simultaneously refuses to convey any informational content. Here, information means filling the picture with so much content that it is driven into a precisely calculated, artificial formlessness.

One example of this strategy is *Taschentuch* (Handkerchief, 1998; fig. p. 95), a splendid composition based upon an ornamental carpet pattern that gradually becomes blurred toward the edges of the picture and displays in the middle a circular opening filled with complex painterly operations crisscrossed by lineation and beneath which the white of the canvas now only partially gleams into view. Beneath the upper pictorial edge is the silkscreen print of a partially painted-over young woman who, in the twisted position in which she has been inserted into the picture, becomes a purely ornamental part of the composition, just like the screenprint of a poster with writing integrated into the middle of the picture. Precisely in its compositional form arranged around a circular center, *Taschentuch* not only makes it clear that this very center can no longer exist, but also sucks into its paradoxical anti-center each and every endeavor to compel this manner of painting into any unambiguous propositional status, even if it is only the assertion that here all form of content has dissolved in favor of an ornamentalization throughout.

Oehlen's program is more radical and aims instead at a continuous contamination of the painting process. Pictures such as these are viral systems that infect everything they come in contact with and raise the infected status of painting–its constantly heightened temperature, so to speak–into a *conditio sine qua non.* This type of painting has a cold fever.

Putting Up Posters at Night

In recent years, the oevre of Albert Oehlen has increasingly and almost radically become devoid of any pictorial plan. The white background of the canvas, for a long time more or less nonexistent, now constitutes the crucial frame of reference for the painterly operations of the artist. Between seemingly spontaneously erupting lineation and large areas of blurred smearings, Oehlen engages in an almost delicate play of painterly fraying and contracting, of agglomerations and proliferations, with a range of colors whose iridescent shades of blue, red, and violet contain an echo of Bonnard. In addition to the purely painterly executions, there is a group of works with glued-on advertising placards, posters, and photos that may be found as collaged elements on the canvas. Among other things, use is also made quite deliberately of the most blunt and banal supermarket sales promotion. There are images and texts that scream their message so loudly and primitively that it is impossible for them to be disregarded or even misunderstood. That is the resistance against which this manner of painting works, raising the obstacle in order to demonstrate how it is able to banish any notion of content from even the most heavy-handed attack of unequivocality. "What I was seeking was an abstract way of painting which uses shrilly obtrusive advertising elements to create a frazzled mood. I wanted to declare categorically the pictures to be painting–in contrast to collage. From time to time, the interplay between two posters gives rise to a joke. But no statement of content should be sought there. The content implodes."[14]

This procedure is basically no different from the one Albert Oehlen deploys in the rest of his oeuvre. There as well, it is always a matter of paradoxical strategies of ambivalence in which certain levels, themes, and attitudes are introduced into the picture, only to be dismantled with relish or drained of all meaning. And for that reason, the intention in the photo-collages as well is not only to

Captain Jack, 1997

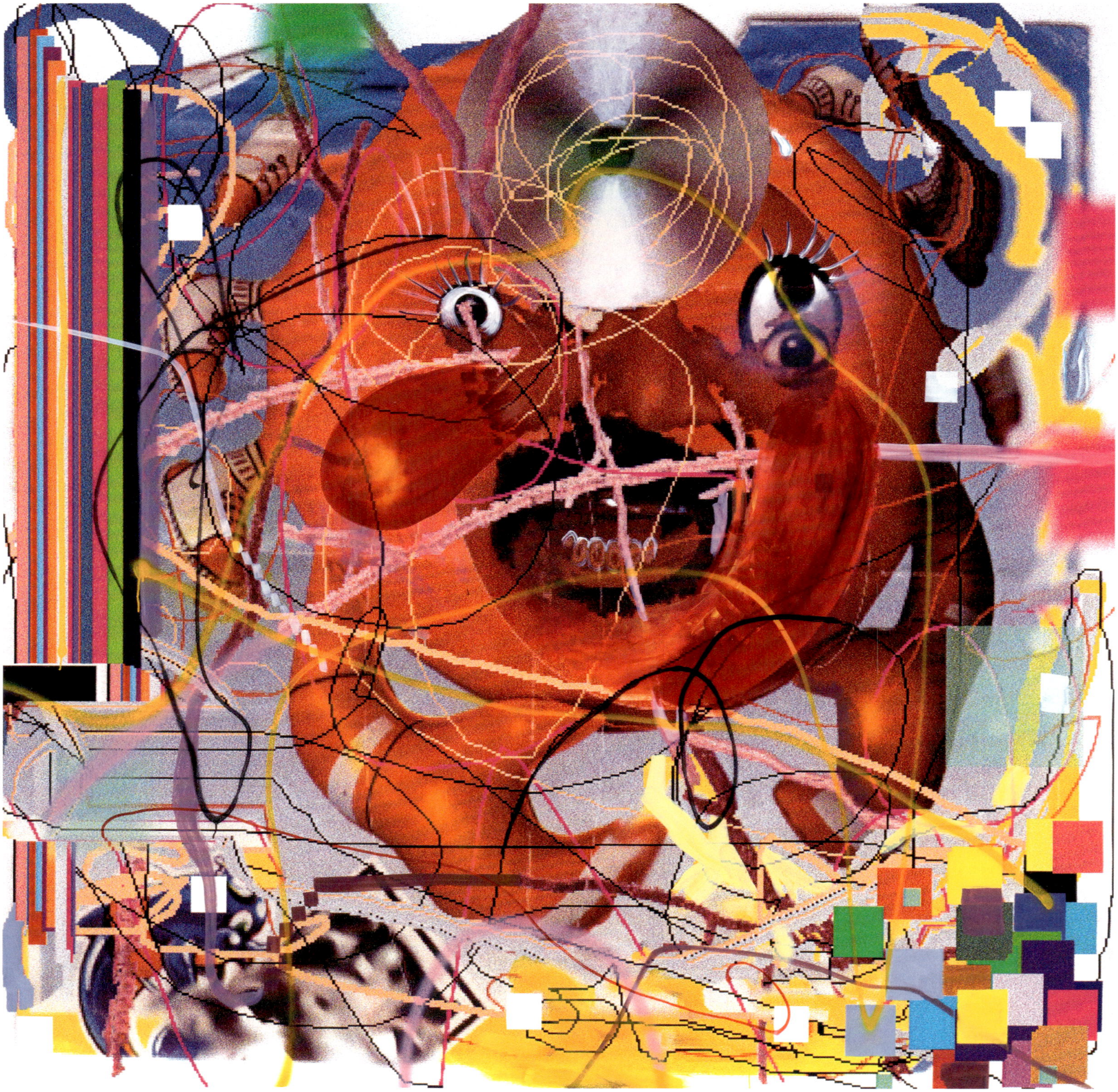

produce, by means of the garish elements, specific effects against which the painting must then assert itself. Of equal importance is that these effects should, through the painting, be restored to the level of an, as it were, freely available artificiality and abstraction devoid of content.

These new works radiate a degree of lightness and matter-of-factness not previously found in the oeuvre. Yet at the same time, they are perhaps the most risky works Oehlen has painted up to now. Granted, these paintings do still from time to time allow themselves coagulations and thicker areas of paint that have to do with the acts of scratching-out and painting-over from earlier years. Yet fundamentally it is here no longer primarily a matter of an act of painting that at the same time partially negates what it is doing, but rather of a freely realized, pure mode of painting freed of all obligation—a mode of painting that, moreover, pays utterly unabashed homage to an aspect of undisrupted beauty. Each line of the brush, each resonance of color must, first of all, assert itself for what it is, and in so doing, display its spontaneous, uncorrectable directness. The further Oehlen advances within this group of works, the less he seems still to require in any way the collaged poster motifs, either as a counter-bearing to painting or as a possibility of associative connections. The painting stands before us in increasingly distinct nakedness, as the expression of a painterly attitude that has nothing more to prove but only seeks out solutions appropriate to the medium. One could even say that this mode of painting is, to the greatest possible extent, that which Albert Oehlen has always wished painting to be—pure sound.

1 Roberto Ohrt, "Ohne Titel (Frühwerk)," in Hans-Werner Holzwarth, ed., *Albert Oehlen* (Cologne, 2009), p. 24.

2 See *dum-dum,* periodical by Albert Oehlen, Werner Büttner, and Georg Herold (Hamburg, 1978).

3 See also Ralf Beil, "Rotlichtbezirk: Vom Eros der Verunreinigung im OEuvre Albert Oehlens," in *Albert Oehlen: Selbstportrait mit 50-millionenfacher Lichtgeschwindigkeit*, exh. cat. Musée cantonal des Beaux-Arts de Lausanne (Zurich, 2004), p. 28.

4 Diedrich Diederichsen, "Für eine Medientheorie der Malerei – Das Beispiel Albert Oehlen," in *Albert Oehlen: Malerei,* exh. cat. Deichtorhallen Hamburg (Hamburg, 1994), p. 18.

5 Sebastian Frenzel in an interview with Albert Oehlen in *Monopol* 1, 2010, p. 41.

6 See ibid., p. 45.

7 Diedrich Diederichsen, in Hamburg 1994 (see note 4), p. 26.

8 Klaus Kertess, "Unreine Handlungen," in Holzwarth 2009 (see note 1), p. 478.

9 "Bionische Malerei: John Corbett im Gespräch mit Albert Oehlen," in ibid., p. 254.

10 *Albert Oehlen,* exh. cat. Carré d'Art – Museé d'art contemporain de Nimes (Nimes, 2011), p. 20.

11 Albert Oehlen, in Holzwarth 2009 (see note 1), p. 254.

12 See conversation between Judicael Lavrador and Albert Oehlen, in exh. cat. Nimes 2011 (see note 10), p. 19.

13 Holzwarth 2009 (see note 1), p. 378.

14 Ibid., p. 578.

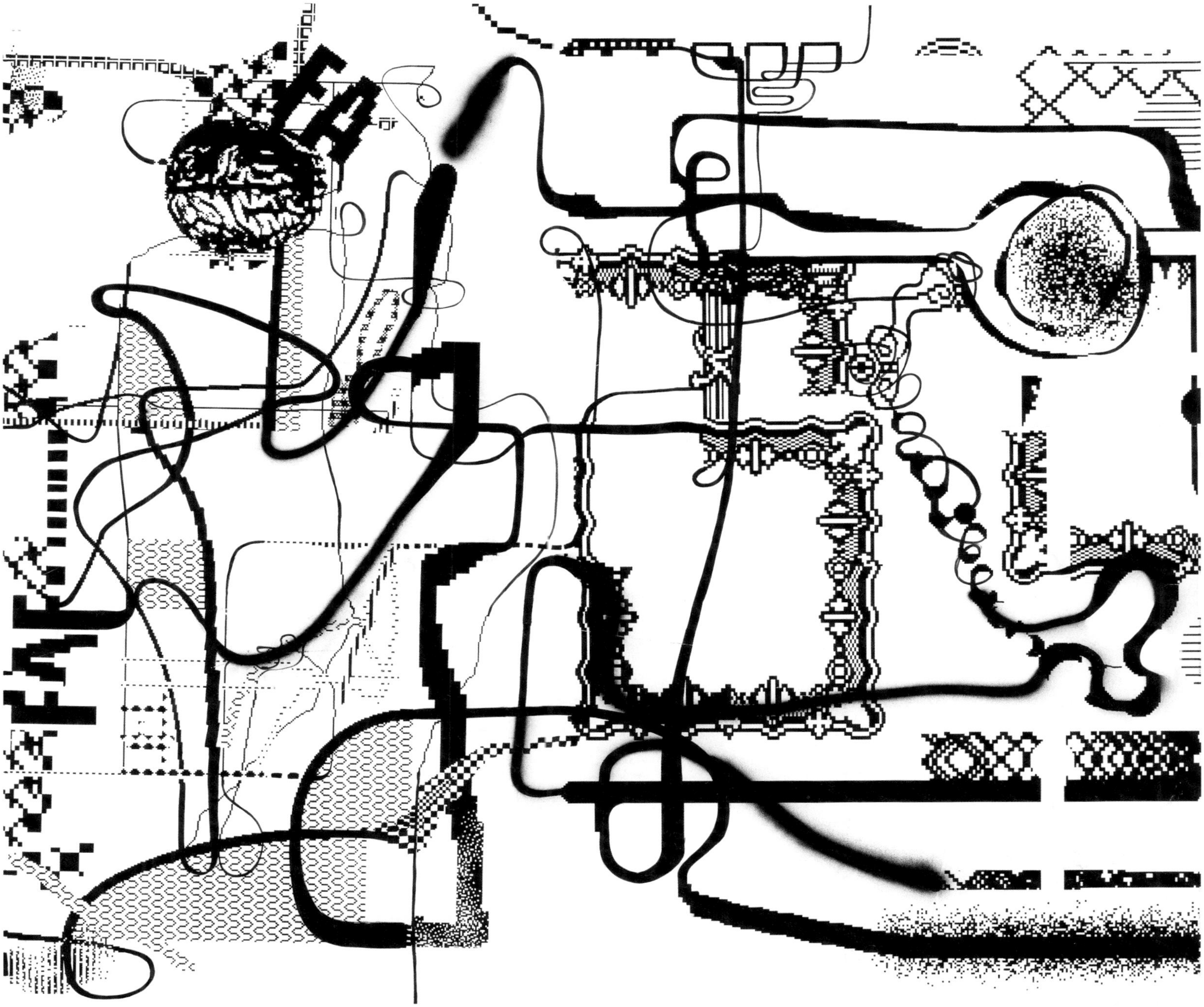

Son of Dogshit, 1997

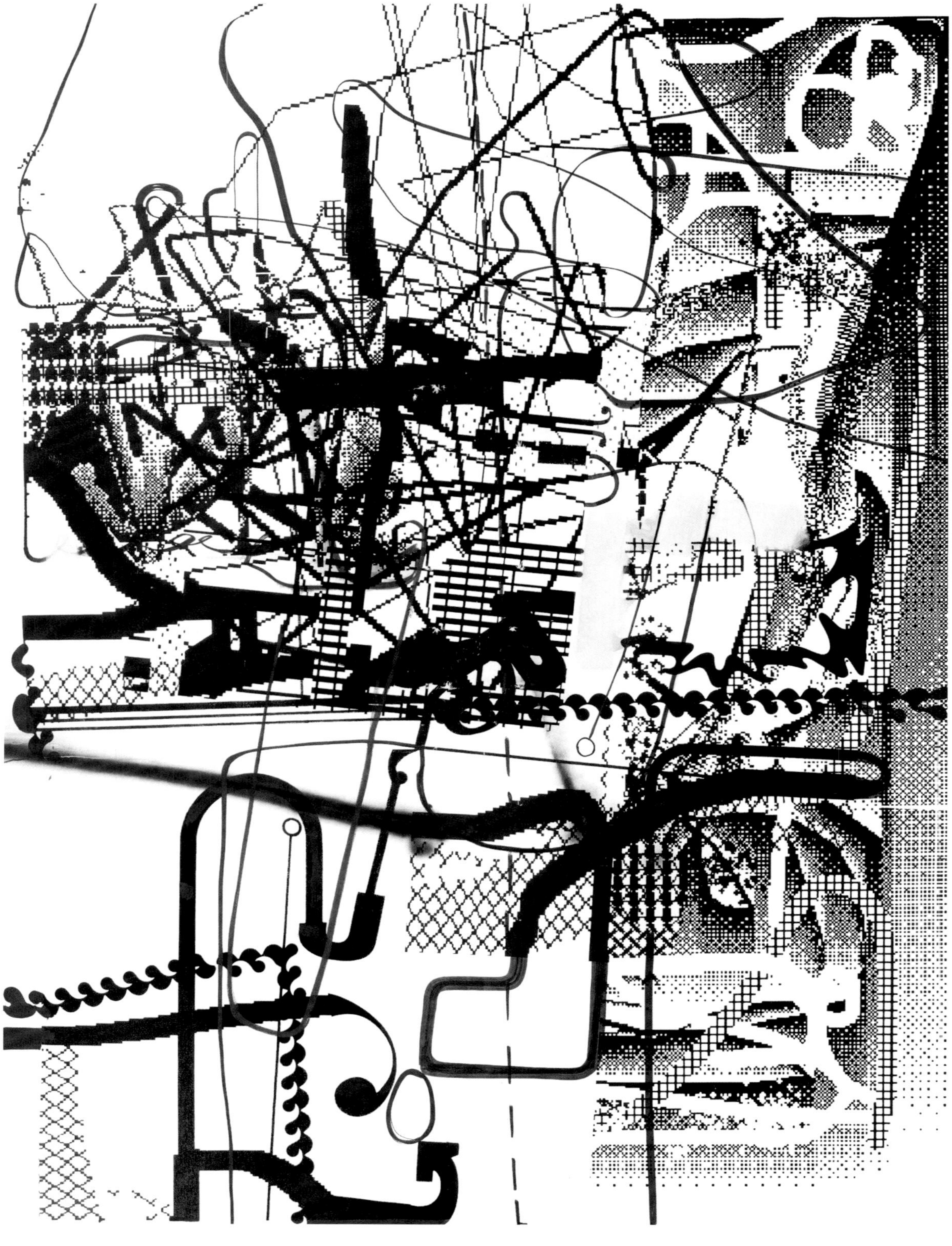

Ohne Titel / Untitled, 1997

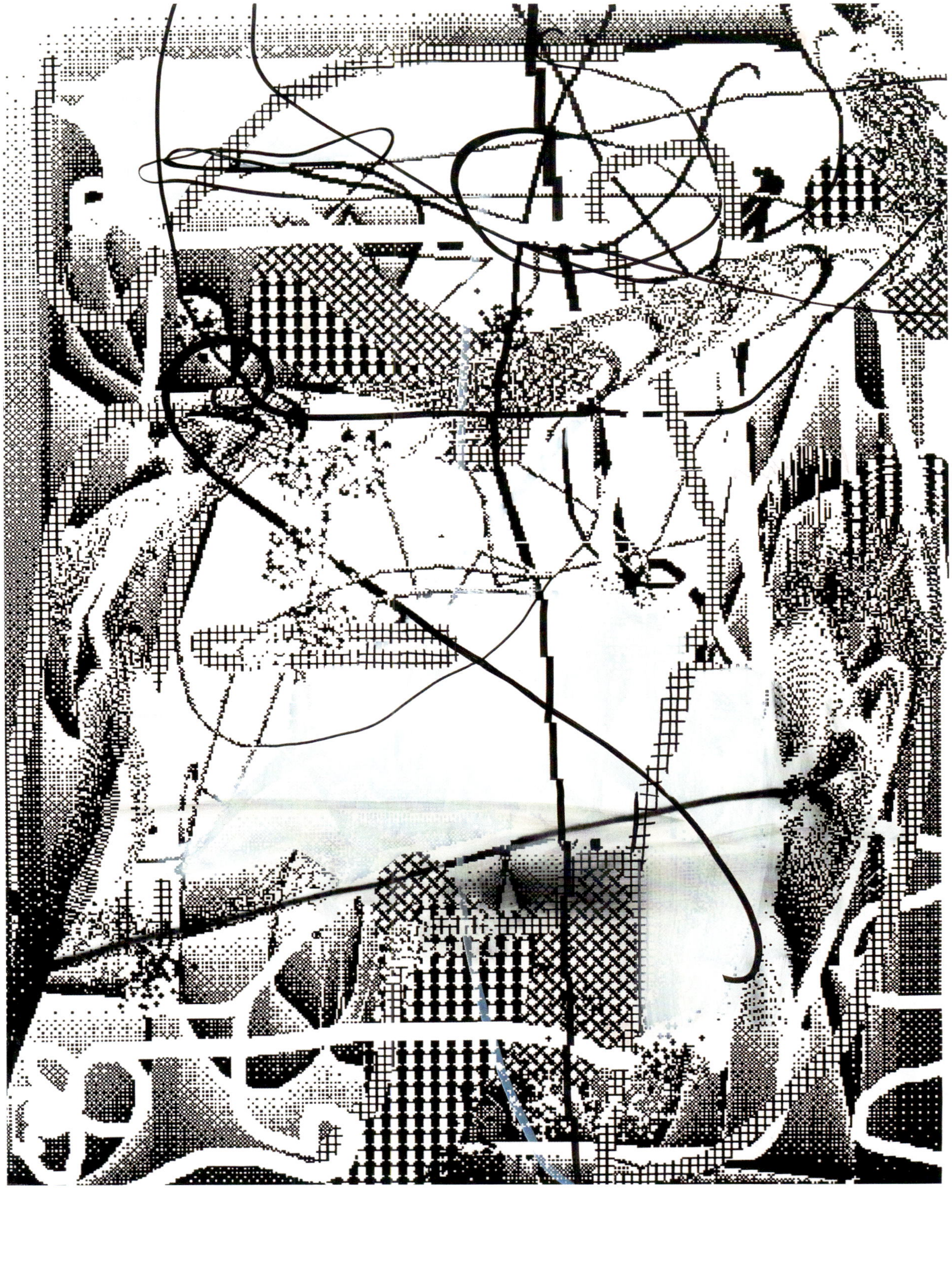

Aufräumen, 1998

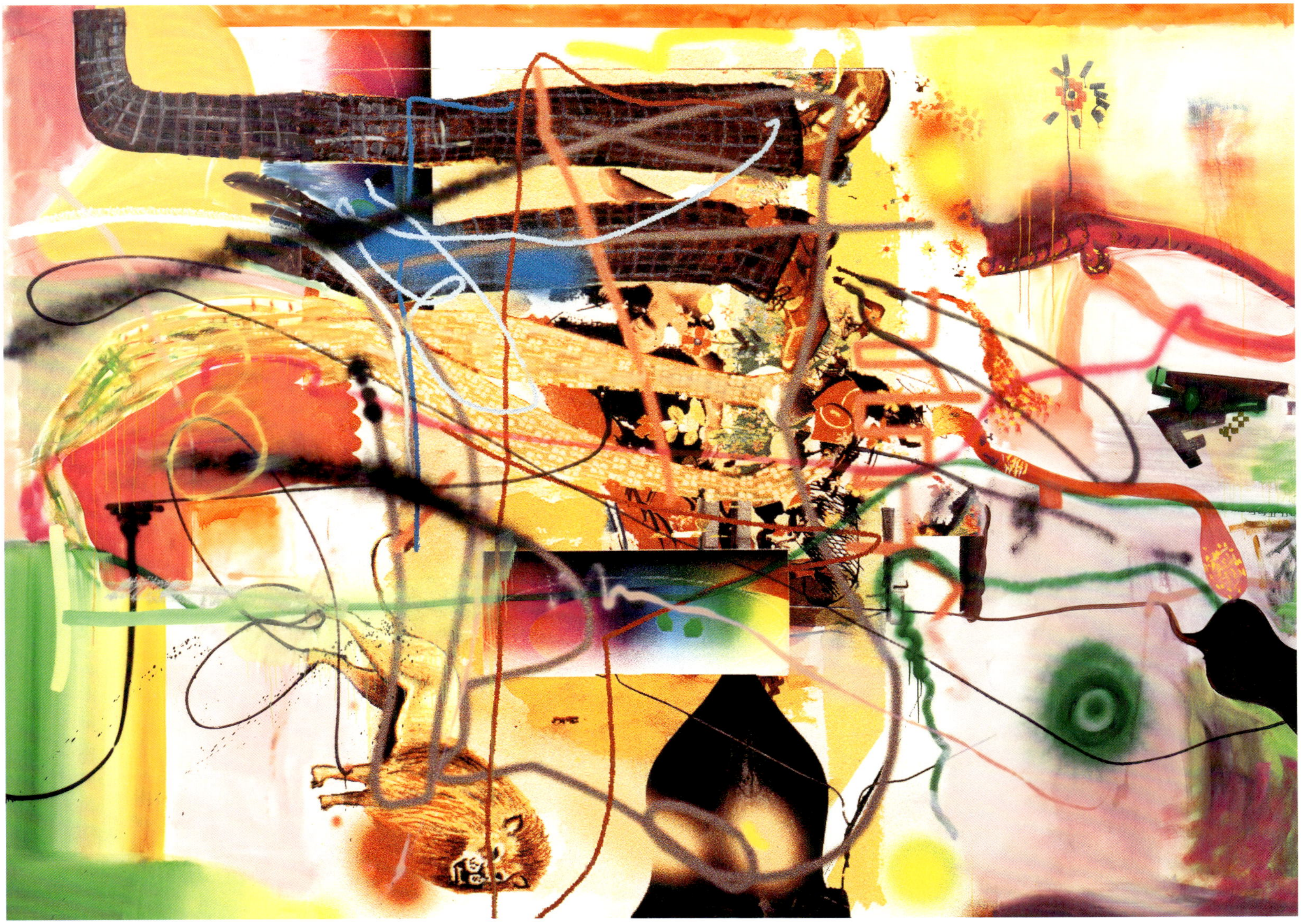

FM 40, 2009

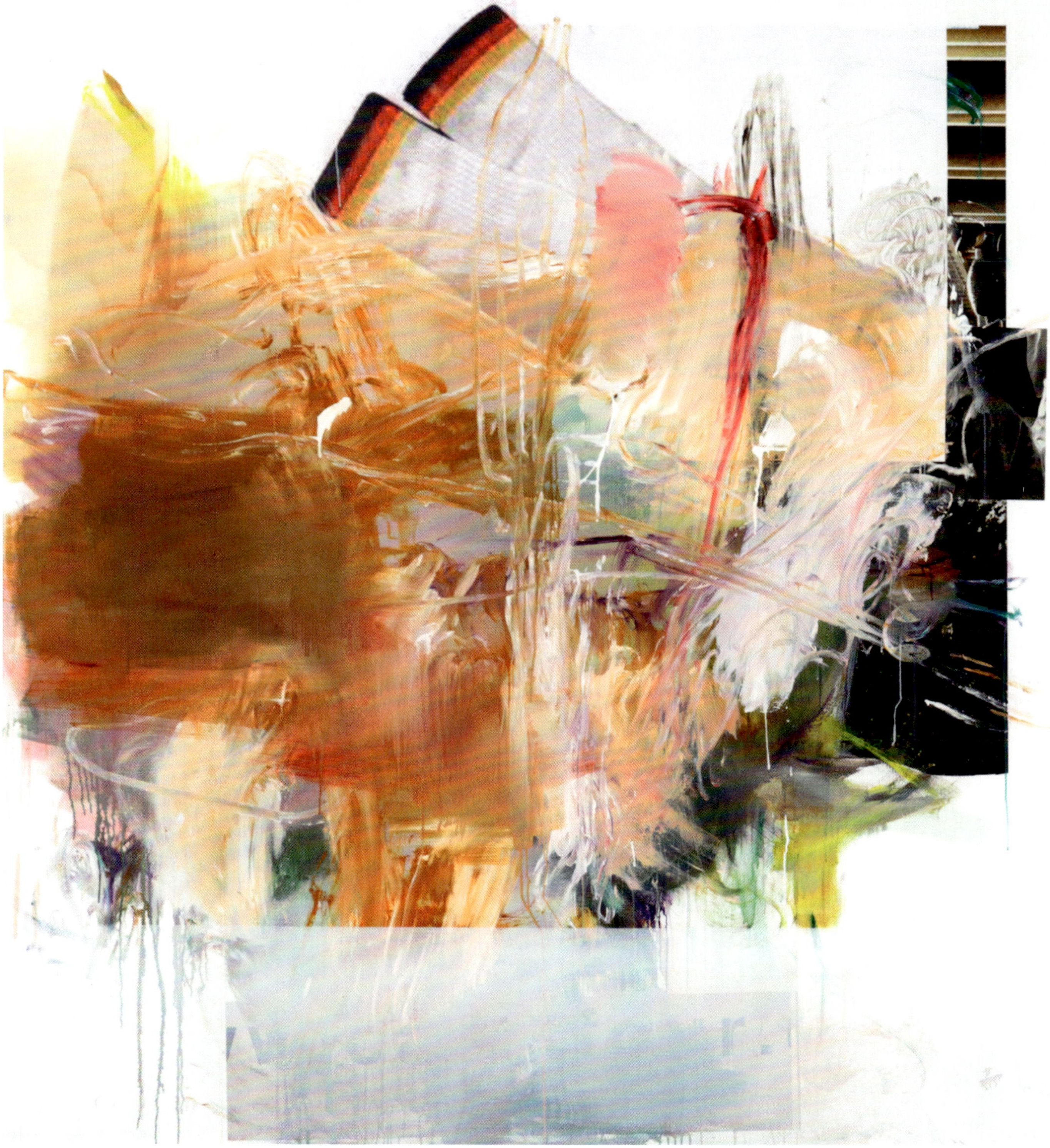

Christoph Schreier

Sturmschaden – Albert Oehlens Malerei als bildnerischer Stresstest

»Die Schrecken der Unform und der Missform, der Gemeinheit und Scheußlichkeit umringen uns in zahllosen Gestalten [...]. In diese Hölle des Schönen wollen wir hier hinabsteigen.«
Karl Rosenkranz, *Ästhetik des Hässlichen,* 1853

Für einen Künstler des Jahrgangs 1954 waren die 1970er-Jahre nicht unbedingt ein idealer Zeitpunkt, ein Studium der Malerei aufzunehmen und einen ersten Auftritt in Galerien und Offspaces zu suchen. Denn nach Jahrzehnten enormer Produktivität und immer neuen, sich revolutionierenden Bildkonzepten schien die Malerei von einer gewissen Ermüdung ergriffen zu sein, die einstige Königsdisziplin der Künste hatte ihre Visionen verbraucht. Vonseiten der diskursorientierten Konzeptkunst grundsätzlich in Frage gestellt, erwuchs ihr zudem Konkurrenz durch neue Bildmedien – allen voran die Videokunst und die museal zunehmend präsentere Fotografie –, sodass ihr Alleinstellungsmerkmal in Sachen Visualität ein für alle Mal verloren ging. Alle Vorzeichen deuteten also auf eine Krise, eine Situation, auf die die Maler seinerzeit sehr unterschiedlich reagierten. Das »Radical painting« eines Joseph Marioni, einer Marcia Hafif oder eines Phil Sims beispielsweise wählte ab den 1970er-Jahren den Weg in die »innere Emigration«, indem es eine Malerei kultivierte, deren sublime Ausdifferenzierung keinem anderen Medium zugänglich war. Die Antwort auf die Herausforderungen der Zeit wurde folglich in einem verschärften Reinheitsgebot gesucht, ein Ausweichmanöver, das sich für die jungen, selbstbewussten Künstler, denen schnell das marktgängige Etikett der »Wilden Malerei« verpasst wurde, von vorn herein verbot

Zu diesen »Jungen Wilden« zählt nolens volens auch Albert Oehlen, der von Beginn an eine grundlegende Auseinandersetzung mit der Malerei sucht. Statt sich in ästhetische Nischen oder abseitige Schutzbereiche zurückzuziehen, unterzieht er die Gattung Malerei seit den 1980er-Jahren einem umfassenden »Stresstest«, ein Vorgehen, das nicht zuletzt von einer tief verwurzelten Skepsis gegenüber der Malerei herrührt. Movens seines Handelns ist deshalb nicht oder nicht nur der oft zitierte (und dann naiv gefeierte) »Hunger nach Bildern«,[1] der der Kargheit der Konzept- und Minimalkunst eine neue Opulenz entgegensetzen will, sondern die medienimmanente Kritik an einer – sicher geliebten und geschätzten – Gattung über die die Evolutionsgeschichte der Künste hinwegzugehen schien.[2] Mit einer blinden Apologie oder einem simplen »Weiter so« wäre, das spürte Oehlen, sicher nichts zu retten gewesen. Sein Vorgehen ist daher ein anderes, geradezu konträres: Er macht sich die kritische Haltung der Konzeptkunst zu eigen, artikuliert sie aber nicht von außen, sondern intern, in der Malerei selbst.[3]

Dieser Prämisse folgend, entwickelt Oehlen eine »malende« Medien- und Bildkritik, in deren Rahmen er zentrale Koordinaten der Malerei auf den Prüfstand stellt. Gegenstand dieser Auseinandersetzung – und damit Thema dieses Textes – sind, unter anderem, die Referenzialität der Malerei, das heißt ihre Gegenständlichkeit, die farblich-kompositionelle Organisation des Bildes sowie das Prinzip der Autorschaft, das in den »Bionischen Gemälden« der 1990er-Jahre verhandelt wird. Ausgesprochen feinfühlig oder respektvoll nähert sich Oehlen seinem Medium dabei nicht, folgt er doch seinem gestalterischen Credo, »dass die formalen Belastungen und Belästigungen, die ein Kunstwerk aushalten kann, dessen Würde definieren«.[4] Entsprechend ruppig geht er, einer der großen Versucher der Malerei in der Gegenwartskunst, denn auch zu Werke, sodass seine Kunst, getragen von einem malerischen Furor, oft die Grenzen des Ikonoklasmus erreicht. Oehlen versteht sich nämlich – und dies insbesondere in den 1980er- und 1990er-Jahren – als ein Exorzist der Malerei, der dem Medium, wie im Folgenden zu zeigen sein wird, fast alle positiven Bestimmungen austreibt. Nichts ist ihm daher fremder als die Sublimierungs- und Reinigungsprozesse der Moderne, die sich in Etappen einem idealen Bildkonzept anzunähern suchen. An die Existenz solch erhabener Bildentwürfe glaubt der Anti-Mondrian Oehlen nicht. Stattdessen muss er hoffen, dass ihn die »via negationis« zum Ziel führt, er eine Qualität von Bildlichkeit erreicht, in der die Schönheit der Malerei in Gestalt ihrer erzwungenen Abwesenheit aufscheint. Entsprechend formuliert Oehlen in einem jüngeren Interview: »Ich bin der Überzeugung, dass ich Schönheit nicht auf direktem Wege erreichen kann, sondern das kann nur das Ergebnis sein von Überlegungen. Sonst wären wir wieder bei dem Grundsound, der Glück erzeugt – an den ich aber nicht glaube. Das ist doch das Interessante an Kunst überhaupt: dass man irgendwie mit seinem Material etwas macht, das zu etwas Schönem führt, auf einem Weg, der noch nicht beschritten war. Das heißt arbeiten mit etwas, das unwahrscheinlich ist, wo der Vorgänger gesagt hätte: Das kannst du nicht machen. Dass man erst einmal einen Schritt in Richtung Hässlichkeit macht und dann wie auch immer da hinkommt, wo es schön ist«.[5]

Wie gerade der letzt zitierte Satz deutlich macht, definiert sich Oehlens künstlerische Praxis als ein dialektischer Prozess, der das faktische Bekenntnis zur Malerei – und zu ihrer Schönheit – mit einem gerüttelten Maß an Skepsis gegenüber allen ihren grundlegenden Bestimmungen und Festlegungen verbindet. Das klingt paradox und ist es auch, aber nur in dem Sinne, dass sich Oehlen gegen orthodoxe Definitionen von Malerei wendet. Denn »para dóxa« heißt in der Übertragung aus dem Griechischen »gegen die (gängige) Meinung oder Ansicht«, und sicher ist Oehlen gemäß dieser Definition ein unorthodoxer Maler, der die Negation nutzt, um zu neuen Ausdrucksmöglichkeiten zu gelangen.

Um dieses dialektische Verfahren in anderer Weise zu beleuchten, soll ein Vergleich aus dem kunstfernen Bereich der Theologie herangezogen werden. Auch sie verkörpert ja ein Denksystem, das permanent Gefahr läuft, unter dem Ballast seiner Definitionen zusammenzubrechen. Insofern gab und gibt es immer wieder Versuche, Gott, Transzendenz und Glauben in anderer Weise zu denken. Einer der interessantesten und folgenreichsten Neuansätze ist dabei die »Negative Theologie«. Sie geht von der Annahme aus, dass sich das Prinzip des Göttlichen, als Grund allen Seins, nicht nur allen erdenklichen Definitionen, sondern auch allen menschlichen Vorstellungen entzieht. Von daher sind Aussagen über Gott nur im Verzicht auf positive Bestimmungen – wie etwa die »Güte«, die »Allmacht« oder »Größe« – möglich, in dem Maße, wie der Intellekt und unser Verstehen an ihre logischen Grenzen geführt werden. Dann aber, im Scheitern aller Bestimmungsversuche, wird unser Denken zum Akzeptieren des Translogischen gedrängt, dessen Anerkennung ein bewusstes, gelehrtes Nicht-Wissen – so Nikolaus von Kues – darstellt. Die Insuffizienz und Fehlbarkeit

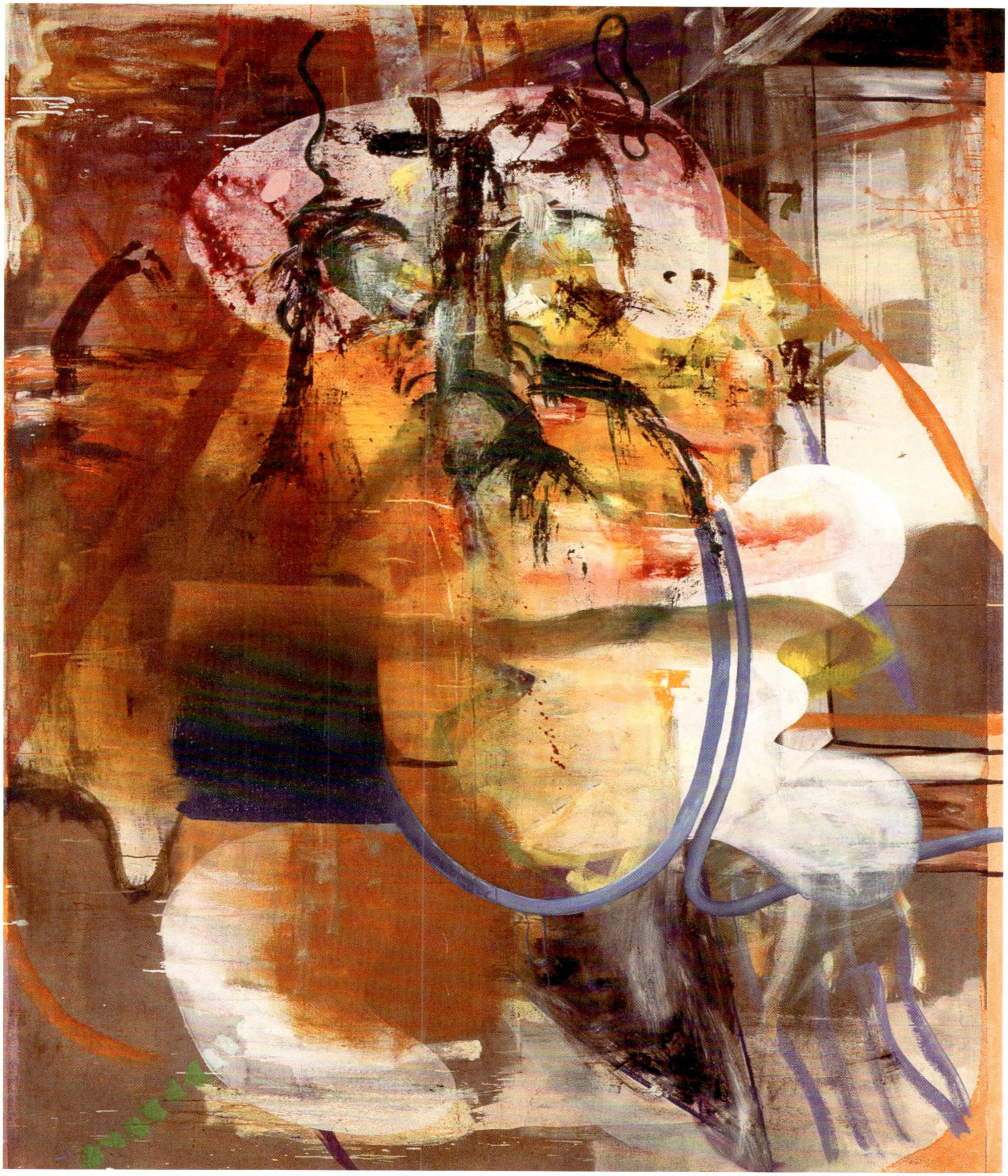

FM 39, 2009

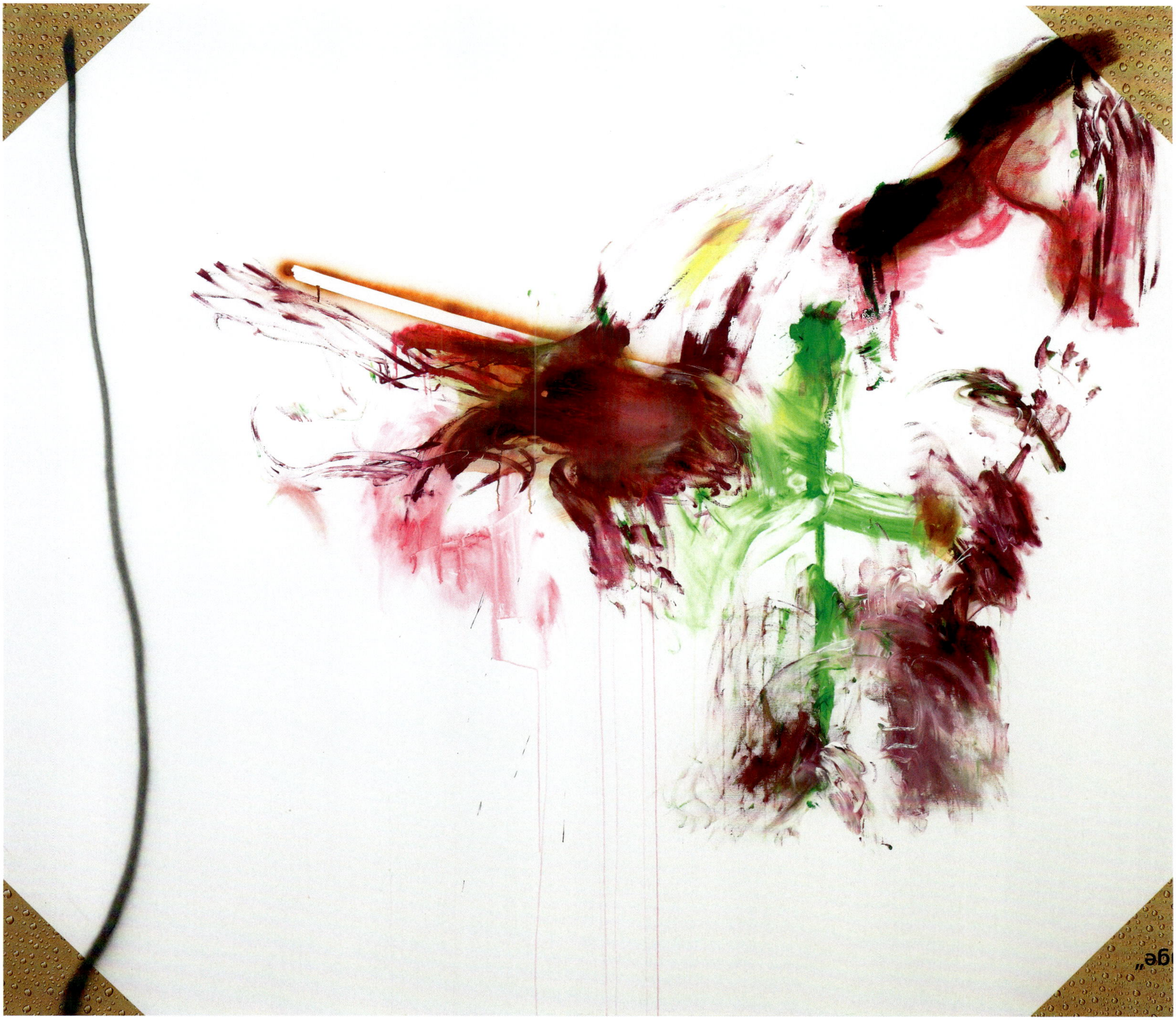

FM 2, 2008

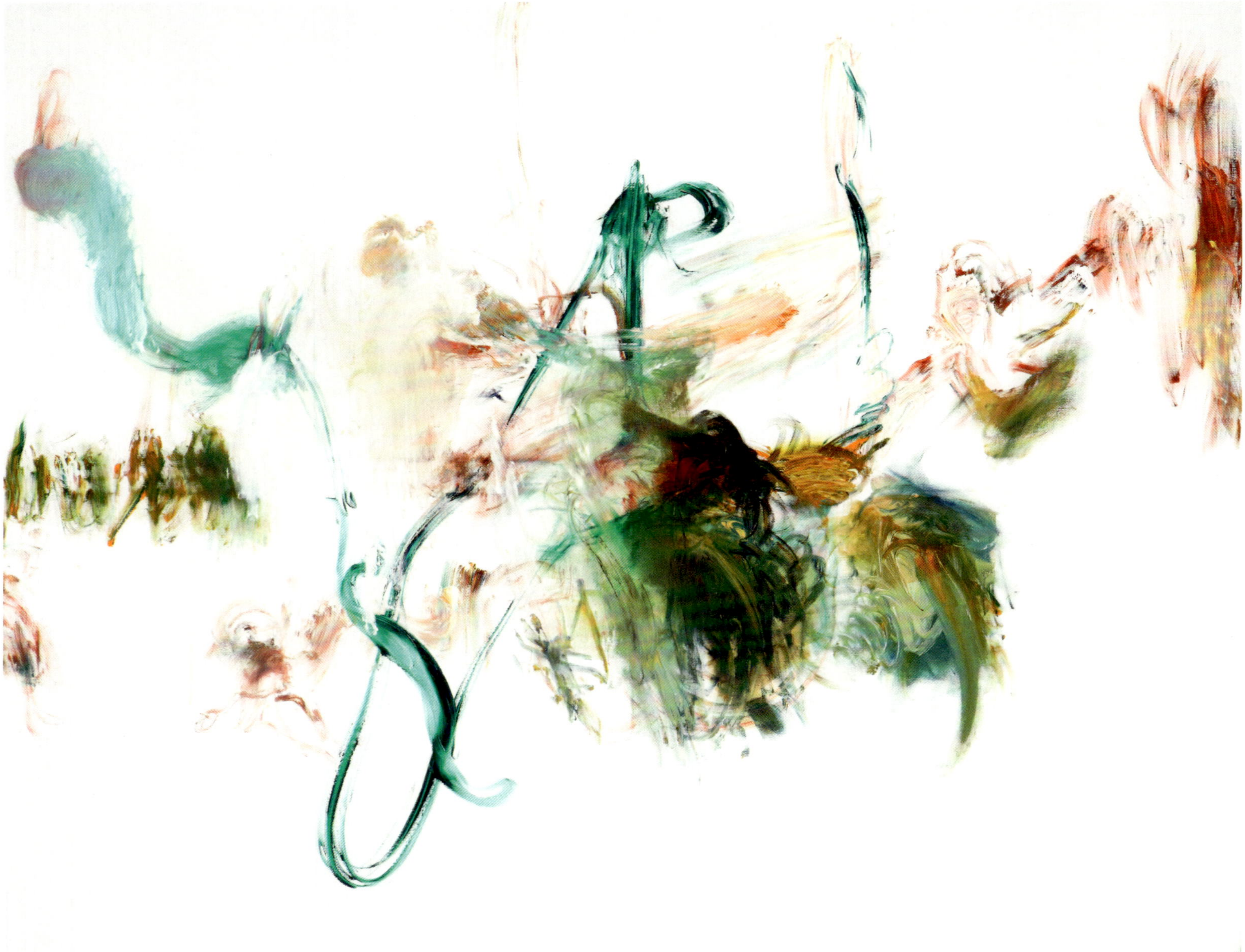

FM 42, 2010

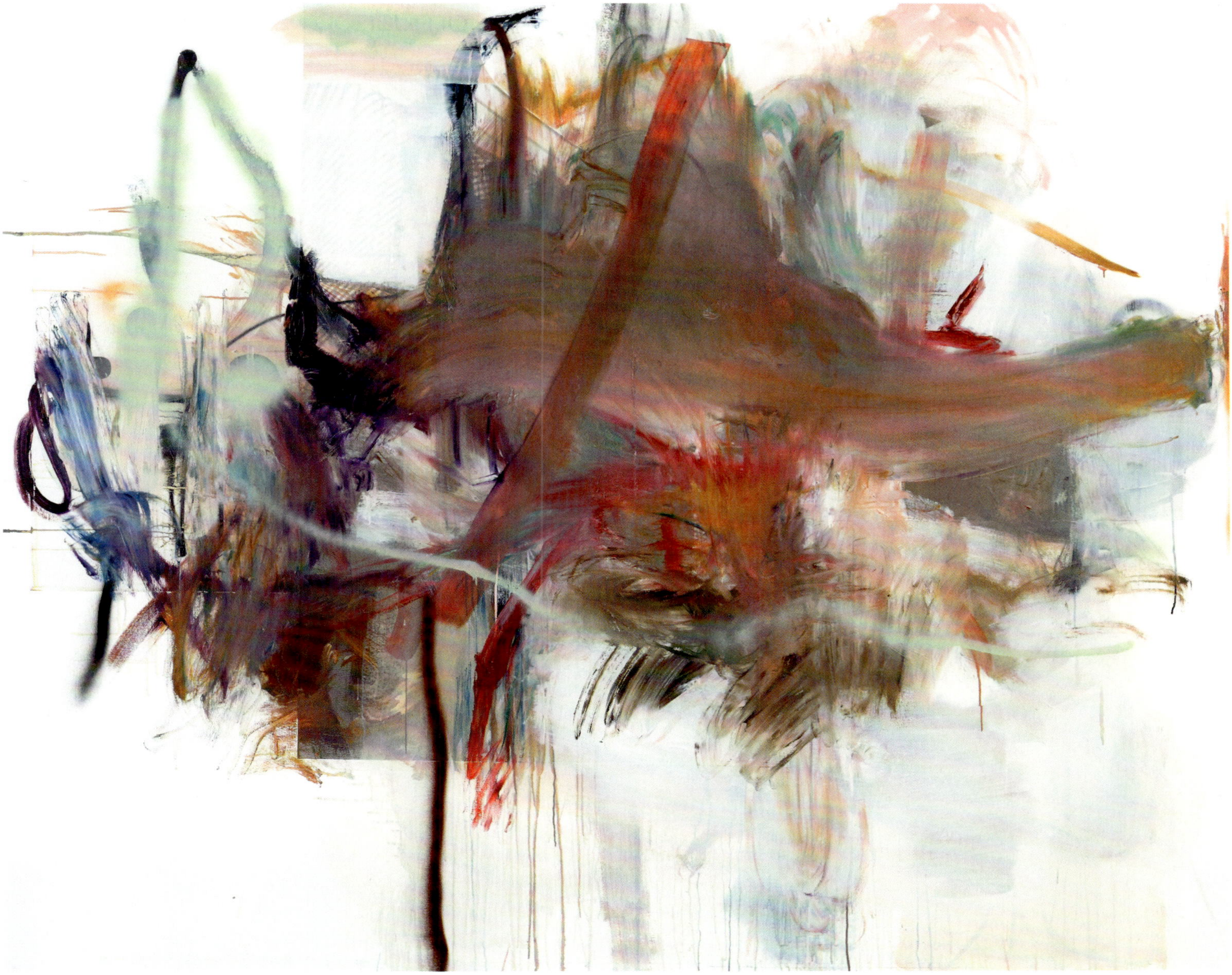

unserer Ordnungskategorien enthüllt eine Wahrheit, die nur im Modus einer radikalen Selbstkritik des Denkens und seines Erkenntnisvermögens gedacht werden kann. Nur im Verwerfen aller Positionen und aller vertrauten Vorstellungen werden also neue Aussagen möglich.

Nun ist Albert Oehlen, um zum eigentlichen Thema zurückzukehren, sicher kein Theologe. Doch praktiziert er nicht ein vergleichbar antithetisches Verfahren, wenn er die Malerei aus dem Korsett ihrer vermeintlichen Gewissheiten befreien will? Verbirgt sich hinter der Maske des frechen Provokateurs nicht doch ein stiller Pathetiker, der sich in immer neuen Anläufen mit den Dogmen der Malerei auseinandersetzt, mit dem Ziel, ihr authentische Ausdrucksqualitäten zurückzugewinnen? Kann folglich die Malerei nur durch die Verweigerung alles Schönheitlichen, durch den Verzicht auf »Stil« und »Gelingen« bewahrt und gerettet werden? Oehlens Werke, zumindest die der frühen Jahre, scheinen diese These zu bestätigen, dokumentiert sich in ihnen doch ein Zusammenhang von Verweigerung und indirekter Bejahung, von ästhetischem Tabubruch, ja, Hässlichkeit und spröder Schönheit, von Ikonoklasmus und Idolatrie, über den Mitte des 19. Jahrhunderts schon der Hegelschüler Karl Rosenkranz nachgedacht hat. In seinen ästhetischen Schriften beschreibt er das Hässliche als das »Negativschöne«, das für ihn insofern keine Autonomie erlangen kann, als es immer auf das Schöne bezogen bleibt. Rosenkranz: »Dieser innere Zusammenhang des Schönen mit dem Hässlichen als seiner Selbstvernichtung begründet daher [... aber ...] auch die Möglichkeit, dass das Hässliche sich wieder aufhebt, dass es, indem es als das Negativschöne existiert, seinen Widerspruch gegen das Schöne wieder auflöst und in die Einheit mit ihm zurückgeht.«[6]

Ob dieses gut hegelianische Konstrukt nun auch geeignet ist, Oehlens Weg zu einer neuen und ganz eigenen Bildlichkeit zu beschreiben, muss die Analyse seiner Werke erweisen. Es gilt Klarheit darüber zu gewinnen, wie Oehlens Attacken auf die Malerei dann doch zu Bildern führen, die, bei aller Widerständigkeit, nicht nur faszinieren, sondern eine eigene Schönheit erlangen.

Belegt werden soll dies zuerst einmal durch die Analyse eines frühen Gemäldes. Es trägt den Titel *Raum für phantasievolle Aktionen* und stammt aus dem Jahr 1983 (Abb. S. 28). Mit einem Format von 200 × 500 cm zählt es zu den größten Werken, die Oehlen in den frühen und mittleren 1980er-Jahren gemalt hat, was den Anspruch und die Bedeutung des Bildes sicher noch einmal hervorhebt. Dargestellt ist ein nobles, mit schweren Vorhängen und ornamental verzierten Spiegeln dekoriertes Interieur, das durch die links im Bild wiedergegebene Harfe als ein Ort der Hochkultur ausgewiesen ist.[7] Doch allzu kultiviert wirkt die Darstellung nicht, da Oehlens ruppiger und spontaner Farbauftrag auf alle Verfeinerung verzichtet. Auf greifbare Weise fallen Inhalt und Form auseinander, ja, gerät letztlich die ganze Komposition aus den Fugen, da Oehlen keinen Wert auf eine schlüssige, illusionistische Bildräumlichkeit legt. Insbesondere der in gebrochenen Tönen gemalte Boden scheint förmlich aus dem Bild herauszurutschen, sodass die ganze Raumkonstruktion ihre Festigkeit verliert. Nichts hat mehr Bestand, sodass man sich einem wahren Untergangsszenario gegenüber sieht, das Oehlen durch die Figur des Ertrinkenden, der flehend seine Arme ausstreckt, noch dramatisch (und humorvoll) pointiert. Doch nicht nur er ist Teil der Apokalypse, die die großbürgerliche oder aristokratische Welt und ihre Kultur in den Abgrund zieht, sondern auch der Betrachter selbst, der durch die eingeklebten Spiegel in die Darstellung einbezogen wird. Das Bild öffnet sich also zum Realraum, wird dadurch aber nicht homogener oder konzeptuell vielschichtiger – wie Velazquez dies etwa in *Las Meninas* vorführt –,[8] eher ist das Gegenteil der Fall. Die Kontamination seiner Gegenständlichkeit mit ständig wechselnden Realitätssplittern steigert noch die Kontingenz

Leuchtspurenelemente, 1996

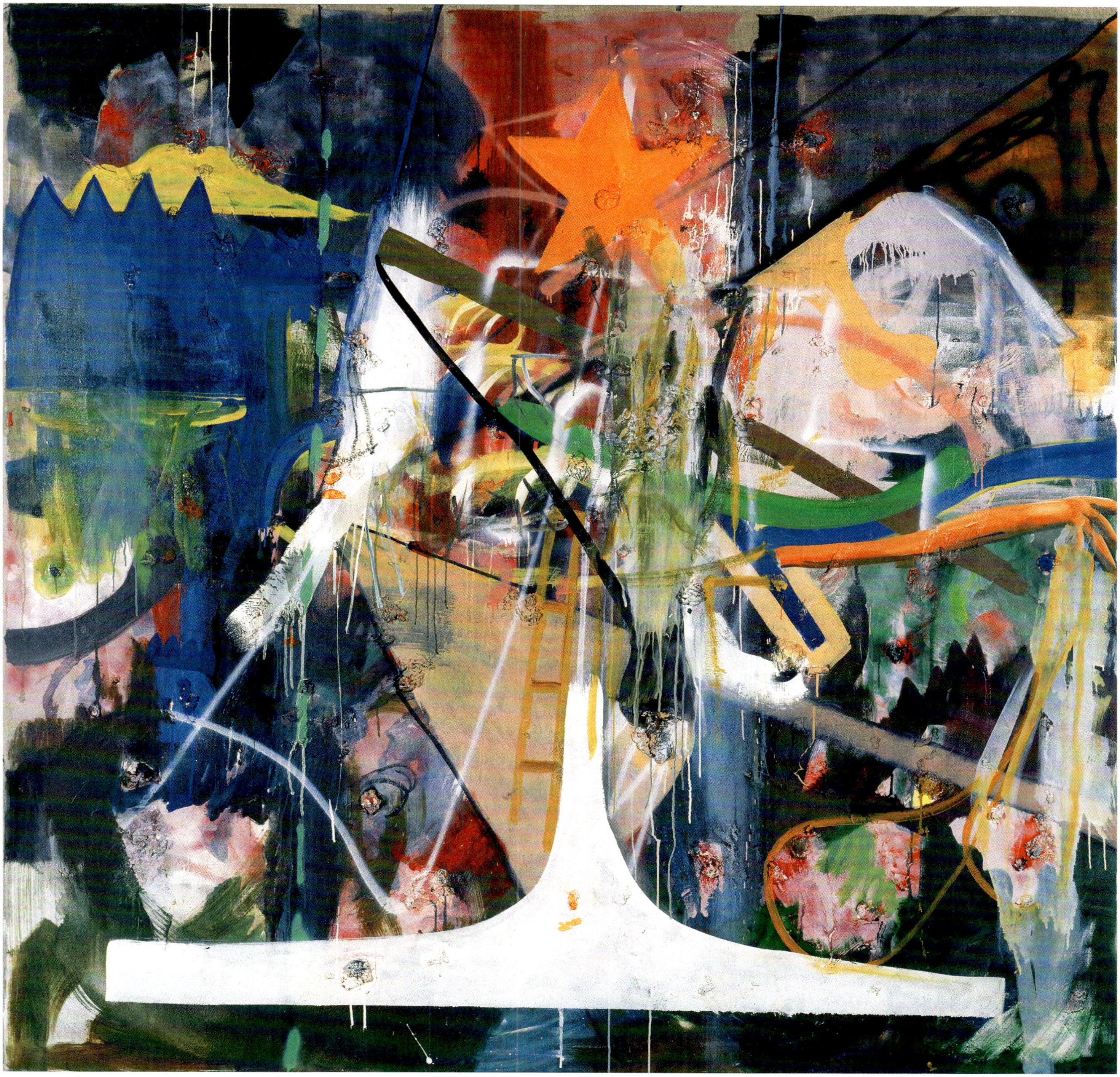

der Arbeit, die sich zwar vordergründig, wie die Bruchlinien auf der Oberfläche deutlich machen, als zerbrochener Spiegel definiert, strukturell betrachtet aber zwischen unterschiedlichen Realitätsebenen changiert.
In diesem Zwischenbereich weiß sich Oehlen in den 1980er-Jahren glänzend einzurichten, und man spürt seine anarchische Lust, den jenseits aller bildnerischen Festlegungen angesiedelten »Raum für phantasievolle Aktionen« zu nutzen. Dieser Raum brüchiger Bildlichkeit oszilliert zwischen gestalterischer Selbständigkeit und kruden Realitätszitaten, und Oehlen hütet sich, für die eine oder andere Option Partei zu ergreifen. Zwar ist die Gegenständlichkeit oft nur ein derber Witz, den man nicht allzu ernst nehmen sollte, doch stellt die Abstraktion keine wirkliche Alternative dar. Der Wechsel in die Ungegenständlichkeit würde nur ein unglaubwürdiges Paradigma gegen ein anderes eintauschen, weshalb sich Oehlen auch recht despektierlich über selbstgenügsame malerische Exerzitien geäußert hat. Für ihn ist eine solch »reine Malerei« »technisches Gewichse«,[9] das er für seine Kunst rundweg ablehnt. Deshalb wendet er sich gegen jede elaborierte Orchestrierung von Farben und plädiert stattdessen – und dies sicher polemisch – für einen Duktus, der einem »Hinschmieren« der Farbe nahekommt.[10]

Einen drastischen Ausdruck findet diese dezidiert antiästhetische Haltung nun sicher in Gemälden wie dem *Kotzimmer* aus dem Jahre 1982 (Abb. S. 76). Bestimmend für seine Erscheinung ist die von Weiß über Beige- bis zu Umbra- und Schwarztönen reichende Farbwahl, die ihre Begründung allerdings nicht im Künstlerischen, sondern im Politischen, genauer: in einer Episode des nordirischen Bürgerkriegs der 1980er-Jahre findet. Der Kampf zwischen der englischen Armee und den Loyalisten auf der einen und der IRA auf der anderen Seite wurde nämlich nicht nur auf der Straße, sondern auch in den Gefängnissen ausgetragen, wo IRA-Häftlinge gegen ihre Internierung und ihre inhumanen Haftbedingungen protestierten, indem sie ihre Exkremente an die Zellenwände schmierten. Hierauf bezieht sich Oehlens *Kotzimmer,* das seinen »Kolorismus« offensichtlich anders begründet als durch eine sublime Selbstthematisierung der Farbe. Diese scheint ihm ziemlich sch…-egal zu sein, auf jeden Fall ist sie weder Basis noch Thema der Bildgestaltung, die bei Oehlen ohnehin nie auf Systematisierung und Vermittlung einer Totalitätserfahrung ausgerichtet ist. Und zwar deshalb, weil Oehlen weniger zielgerichtet als prozessorientiert arbeitet. Nie folgt er einer präexistenten Gesamtvision, geht er nach einem gestalterischen Masterplan vor. Stattdessen »füllt« er die Bildfläche durch immer neue, aufeinander abgestimmte malerische Setzungen, bis zu dem Punkt, an dem sie die ausufernde Farben- und Formenflut kaum noch bändigen, geordnet in sich aufnehmen kann.

Dies trifft insbesondere für die Arbeiten der späten 1980er- und 1990er-Jahre zu, was sich exemplarisch anhand des Gemäldes *Ohne Titel* (1989; Abb. S. 70) belegen lässt. Dies Bild dokumentiert eine malerische Verdichtung, die nicht nur den Bildraum annuliert, sondern auch die individuellen gestalterischen Handlungen auslöscht. Schicht legt sich auf Schicht, bis zu dem Punkt, an dem Gestaltung in die Zerstörung aller vorangehenden Formfindungen umschlägt. Da diese gleichwohl zumindest partienweise noch zu erahnen sind, definiert sich das Werk als gleichermaßen bildkritischer wie bildeuphorischer Container, der viele mögliche Gemälde beinhaltet, definitive Bildlösungen aber in Zweifel zieht. Ein naives Bekenntnis zum »Werk« und zur Malerei als Produktion autonomer, in sich ruhender, das heißt selbstreferenzieller Gemälde scheint jedenfalls nicht mehr möglich – eine werkkritische Haltung, die Oehlen über alle Differenzen hinweg mit Gerhard Richter teilt. Was sie verbindet, ist die postmoderne Skepsis gegenüber allen Formen von Individualität und Authentizität, egal, ob sie nun das Werk oder die Person des Künstlers betreffen.

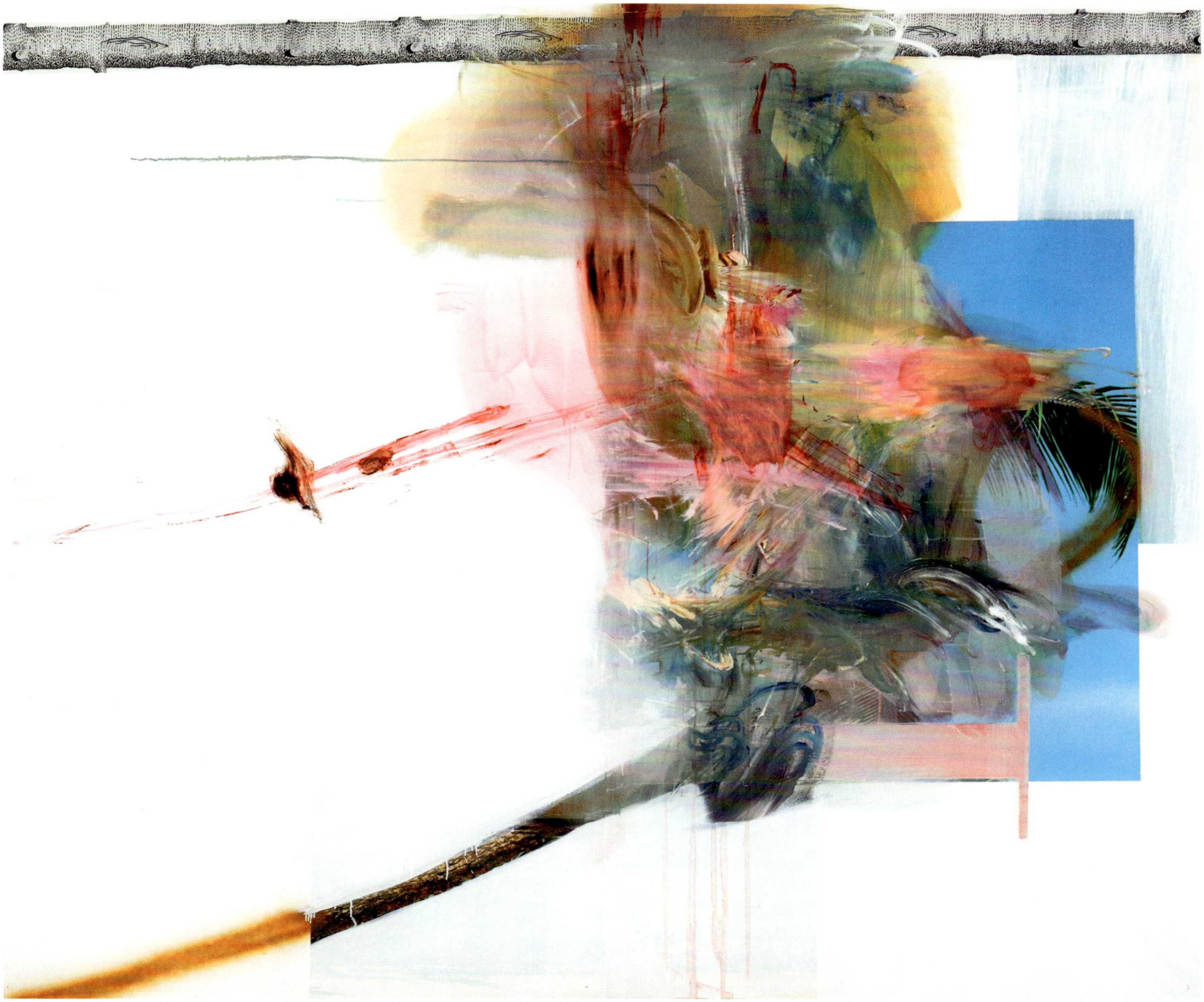

Aus diesem Grund überrascht es denn auch nicht, dass sich Oehlen mit dem Mythos des künstlerischen Selbstausdrucks als Grundlage aller gestalterischen Arbeit auseinandersetzt. Dies geschieht in den »Bionischen Bildern«, die ab dem Jahr 1992 entstehen. Sie diskutieren die Autorität des Künstlersubjekts, indem sie zentrale Gestaltungs- und Darstellungsaufgaben an den Computer, also letztlich an eine Maschine, delegieren. Oehlen spukten in dieser Zeit, wie er selbst einmal sagte, Begriffe wie »Computerkunst« oder »Computermalerei« im Kopf. »Sie hatten sich dort festgesetzt, und ich fragte mich, wie so etwas wohl aussehen könnte. 1990 kaufte ich mir ein Notebook [...]. Darauf habe ich ein paar einfache Zeichnungen gemacht und herausgefunden, was sich mit den paar Pixeln bei derart niedriger Auflösung machen lässt. Danach wusste ich immer noch nicht, wie es weitergehen sollte, aber der nächste logische Schritt war, die Entwürfe auf mein damaliges Durchschnittsformat zu vergrößern [...] und per Siebdruck auf die Leinwand zu übertragen.«[11] Dort erscheinen sie nun, durch die Vergrößerung zusätzlich vergröbert, als dunkles Lineament, das seine mechanistischen Entstehungszusammenhänge vor allem in den Abtreppungen der Diagonalen offenbart, die von den Pixeln herrühren. Zwar modifizieren gestische Überarbeitungen das mechanisch konstruierte Gesamtbild, doch ändert dies nichts an der Tatsache, dass Oehlens »bionische« (= »biologisch-mechanische«) Werkreihe künstlerische Autorschaft gänzlich neu definiert.[12]

Augenscheinlich räumt Oehlen mit jenem Phantasma von Kreativität auf, welches das Werk im »Élan vital« des Künstlersubjekts – und nur in ihm – begründet sieht. Niemand hat dieses Konzept, dieses ideale Künstlerbild wohl besser verkörpert als Jackson Pollock, an dessen abstrakte Schwarz-Weiß-Strukturen Oehlens Gemälde auf den ersten Blick erinnern mögen. Doch walten hier keine psychischen Elementarkräfte, da in den »Bionischen Bildern« das Medium die Botschaft prägt. Gleichsam programmatisch wendet sich Oehlen damit gegen den Mythos eines zeit- und kontextunabhängigen Künstler-Ichs, indem er auf die medial-technologischen Grenzen souveräner Autorschaft verweist. Für ihn ist es ganz klar, dass der Computer unserem Denken und Gestalten eine neue Basis verleiht und dass naive Abwehrreaktionen vonseiten der Malerei diese nur ins Abseits führen würden.

In diesem Sinne muss man in Oehlen einen sensiblen, gesellschaftliche und technologische Veränderungen reflektierenden Künstler sehen, der nach einer neuen Begründung für Malerei in für sie schwierigen Zeiten sucht. Getragen von einem kritischen Bekenntnis zur Malerei lässt der bekennende Skeptiker aus lauter Unmöglichkeiten neue bildnerische Möglichkeiten entstehen, wobei sein Ziel stets das eine bleibt: ein gutes Bild zu malen. Dass dies heutzutage aber nicht mehr aus einem ungebrochen souveränen künstlerischen Selbstverständnis heraus geschehen kann, macht uns Albert Oehlens Malerei deutlich. Sie muss gewissermaßen mit Machete und Brechstange arbeiten, um sich neue Wege zu ebnen, um die Geburt der Schönheit aus Widerstand, Scheitern und ostentativer Hässlichkeit zu ermöglichen. So waltet in Oehlens Kunst eben doch jene spezifische Dialektik, die schon der oben zitierte Karl Rosenkranz beschrieben hat. Zwar plädiert der Hegelschüler für die Priorität der Schönheit, muss jedoch eingestehen, dass der Künstler dessen Schattenseite, das »Gewöhnliche«, das »Willkürliche«, »Formlose« und »Rohe«, sprich das Hässliche »nicht immer vermeiden [... kann. Denn ...] oft sogar bedarf es seiner als eines Durchgangspunktes in der Erscheinung der Idee und als einer Folie«.[13] Sind nicht gerade Oehlens Gemälde hierfür ein anschaulicher Beleg?

[1] Vgl. hierzu: Wolfgang Max Faust und Gerd de Vries, *Hunger nach Bildern. Deutsche Kunst der Gegenwart,* Köln 1982.

[2] Dass sich Oehlen der Antiquiertheit seines Metiers durchaus bewusst ist, belegen die Saurierdarstellungen in seinen Gemälden der 1980er-Jahre. Als wahrlich unzeitgemäße Lebewesen beschwören sie den Überlebenskampf einer Gattung, die schon des Öfteren totgesagt wurde.

[3] Vgl. hierzu das Interview, das Oehlen Anfang 2010 dem Magazin *Monopol* gab. Dort konstatiert er, dass er die Vorbehalte der Konzeptkunst gegenüber dem Tafelbild als richtig empfand. Siehe *Monopol,* 1, 2010, S. 45.

[4] Albert Oehlen, zitiert nach: Ralf Beil, »Rotlichtbezirk. Vom Eros der Verunreinigung im Œuvre Albert Oehlens«, in: *Albert Oehlen. Selbstportrait mit 50-millionenfacher Lichtgeschwindigkeit,* Ausst.-Kat. Musée cantonal des Beaux-Arts de Lausanne, 2004, S. 36.

[5] Siehe hierzu das bereits zitierte Interview in der Zeitschrift *Monopol* (wie Anm. 3), insbesondere S. 45 f.

[6] Karl Rosenkranz, *Ästhetik des Hässlichen,* hrsg. von Dieter Kliche, Stuttgart 2007, S. 15.

[7] Ein Foto aus dieser Zeit zeigt Albert Oehlen, der, als Dandy gekleidet, vor diesem Gemälde posiert. Ironisch bestätigt er den Anspruch des Motivs – den seine Malerei so wenig einlöst – durch sein elegantes Auftreten. Einen »wilden Maler« stellt man sich sicher anders vor! Hans Werner Holzwarth (Hrsg.), *Albert Oehlen,* Köln 2009, S. 8.

[8] Der Spiegel ist ein klassisches Motiv, ein Topos der Malerei, da er ihre Abbildlichkeit, ihren Verismus, thematisiert. Interessant ist an Velazquez' Gemälde die Art und Weise, wie er durch den gemalten Spiegel im Hintergrund – der das Königspaar zeigt – das Bild konzeptuell erweitert, das Gesehene zu einem Ausschnitt eines gedachten Raumes macht.

[9] *Albert Oehlen im Gespräch mit Wilfried Dickhoff und Martin Prinzhorn,* Köln 1991, S. 38.

[10] Siehe u. a.: Roberto Orth, »Ohne Titel (Frühwerk)«, in: Holzwarth 2009 (wie Anm. 7), S. 23 ff.

[11] »Bionische Malerei. John Corbett & Albert Oehlen«, in: Holzwarth 2009 (wie Anm. 7), S. 252.

[12] Vgl. hierzu etwa Albert Oehlen, *Ohne Titel,* 1992, Siebdruck, Acryl und Öl auf Leinwand, 240 x 200 cm, Privatbesitz.

[13] Rosenkranz 2007 (wie Anm. 6), S. 13.

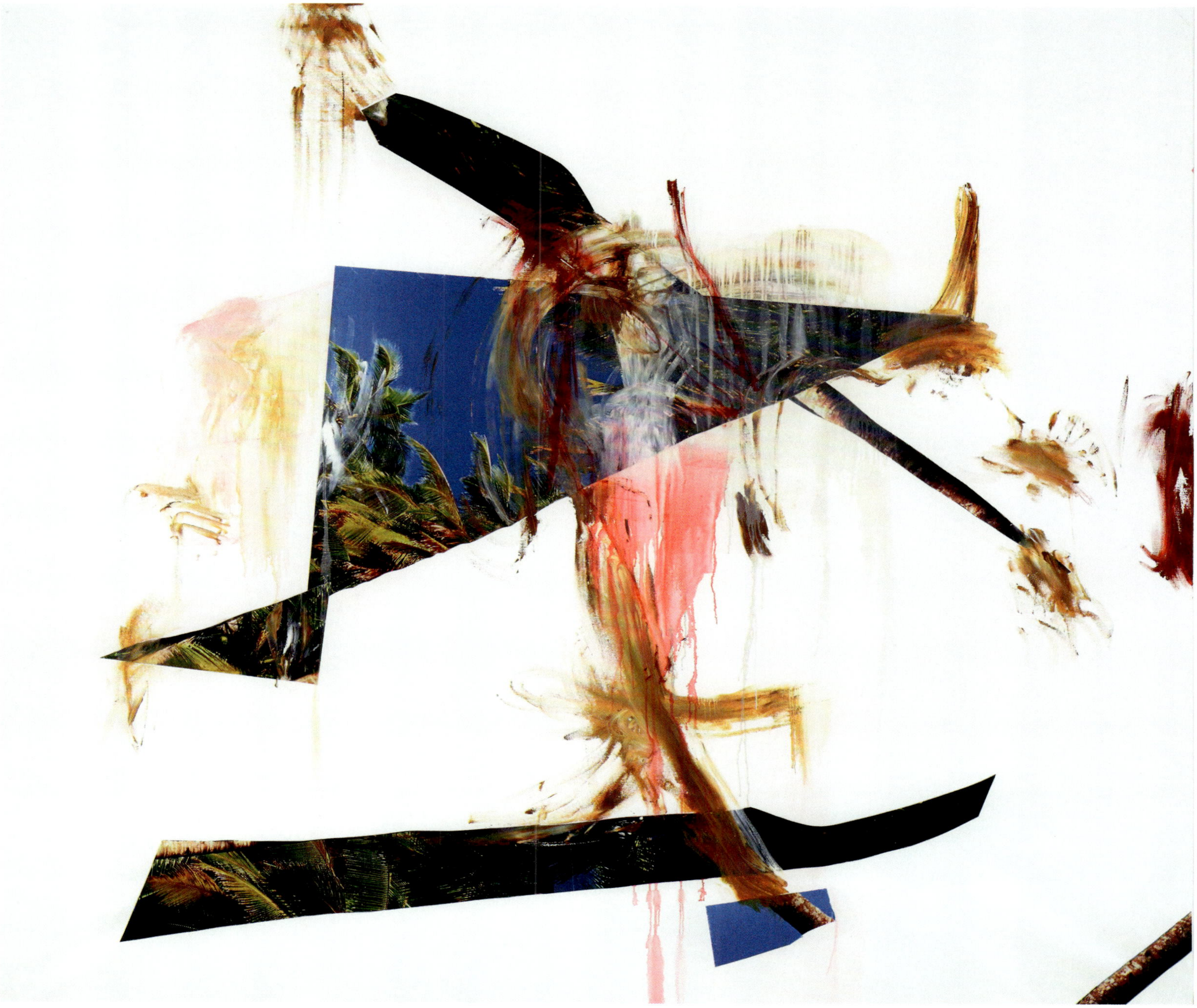

FM 9, 2008

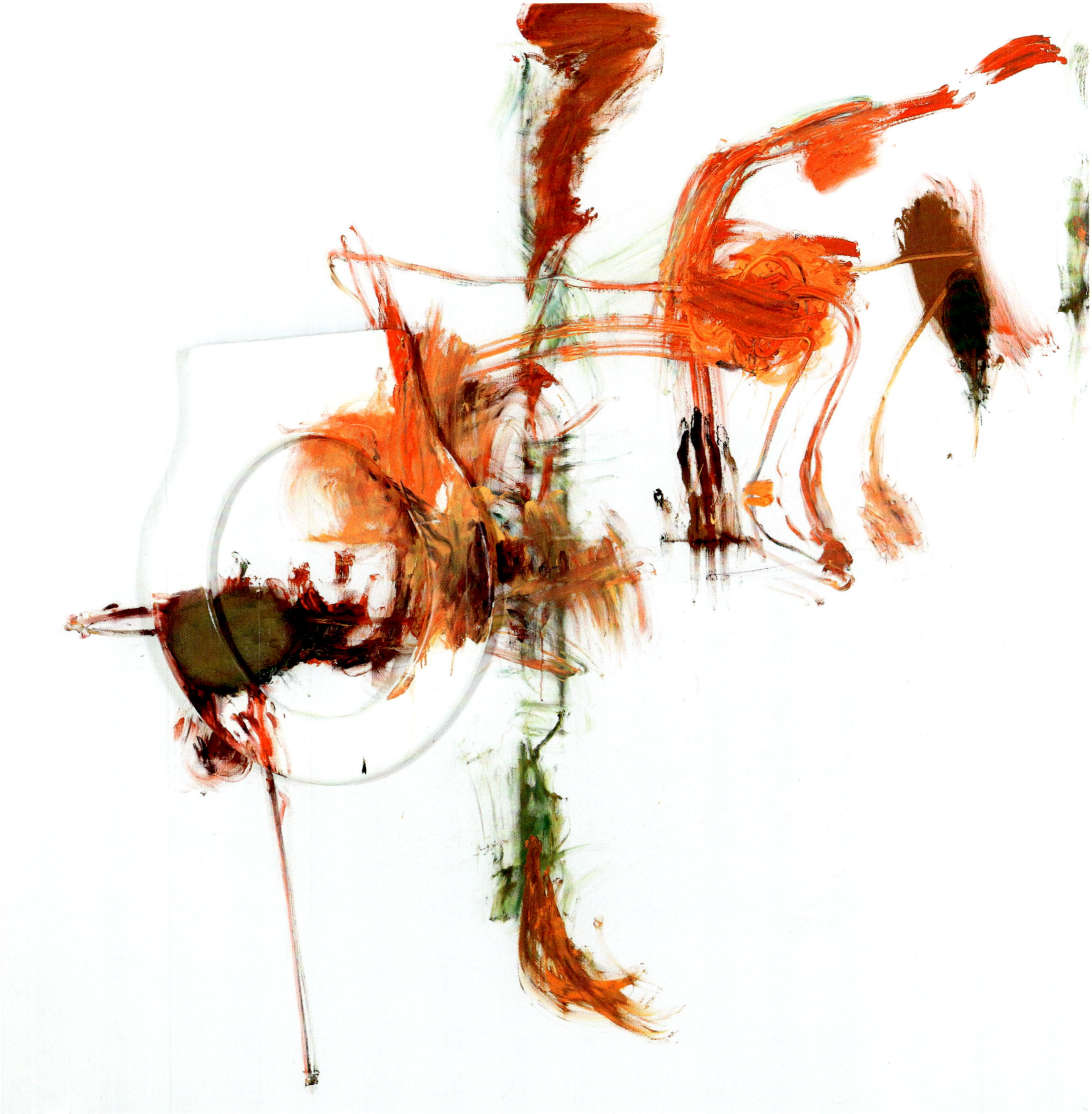

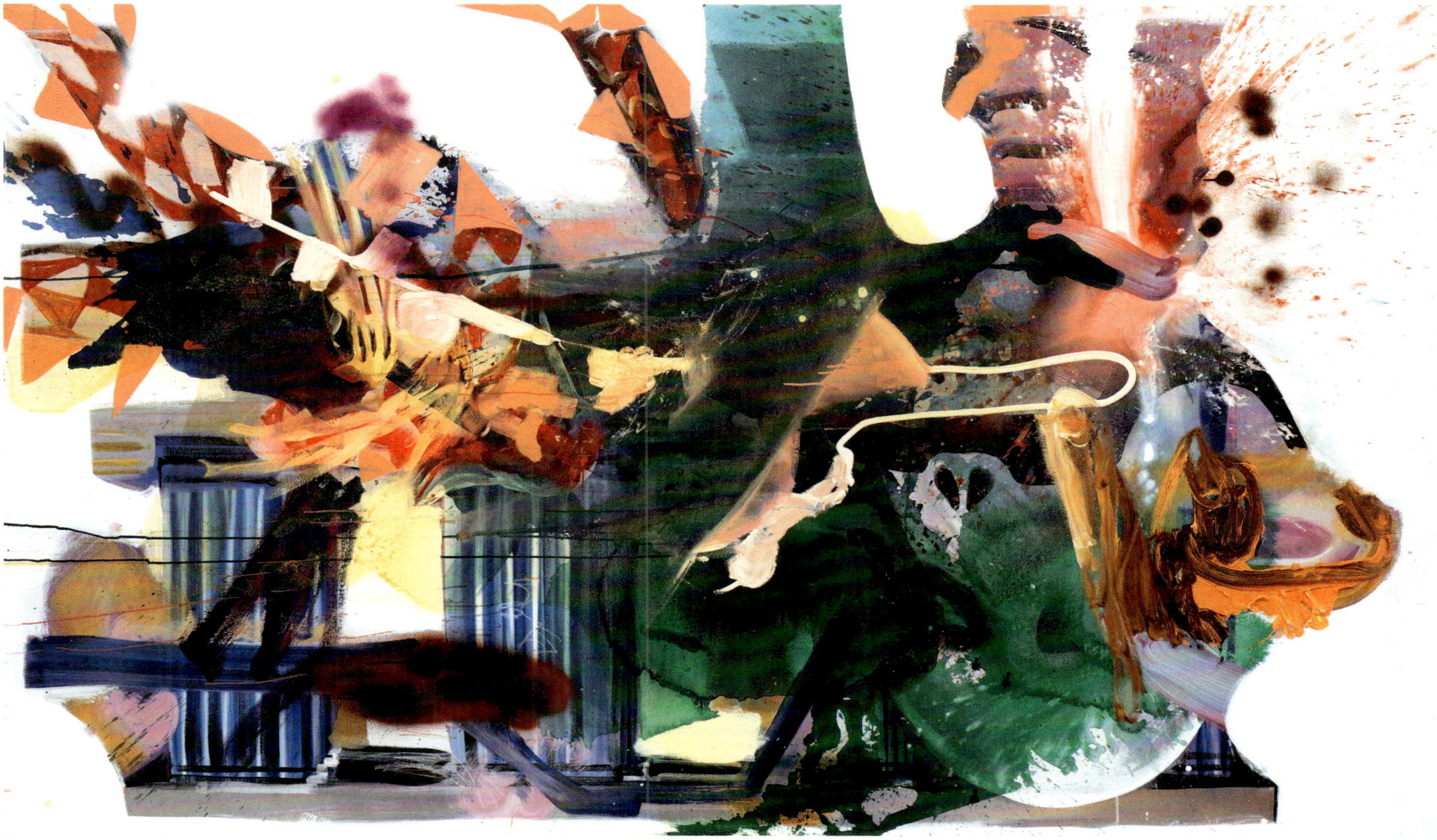

Doppelbild, 2002

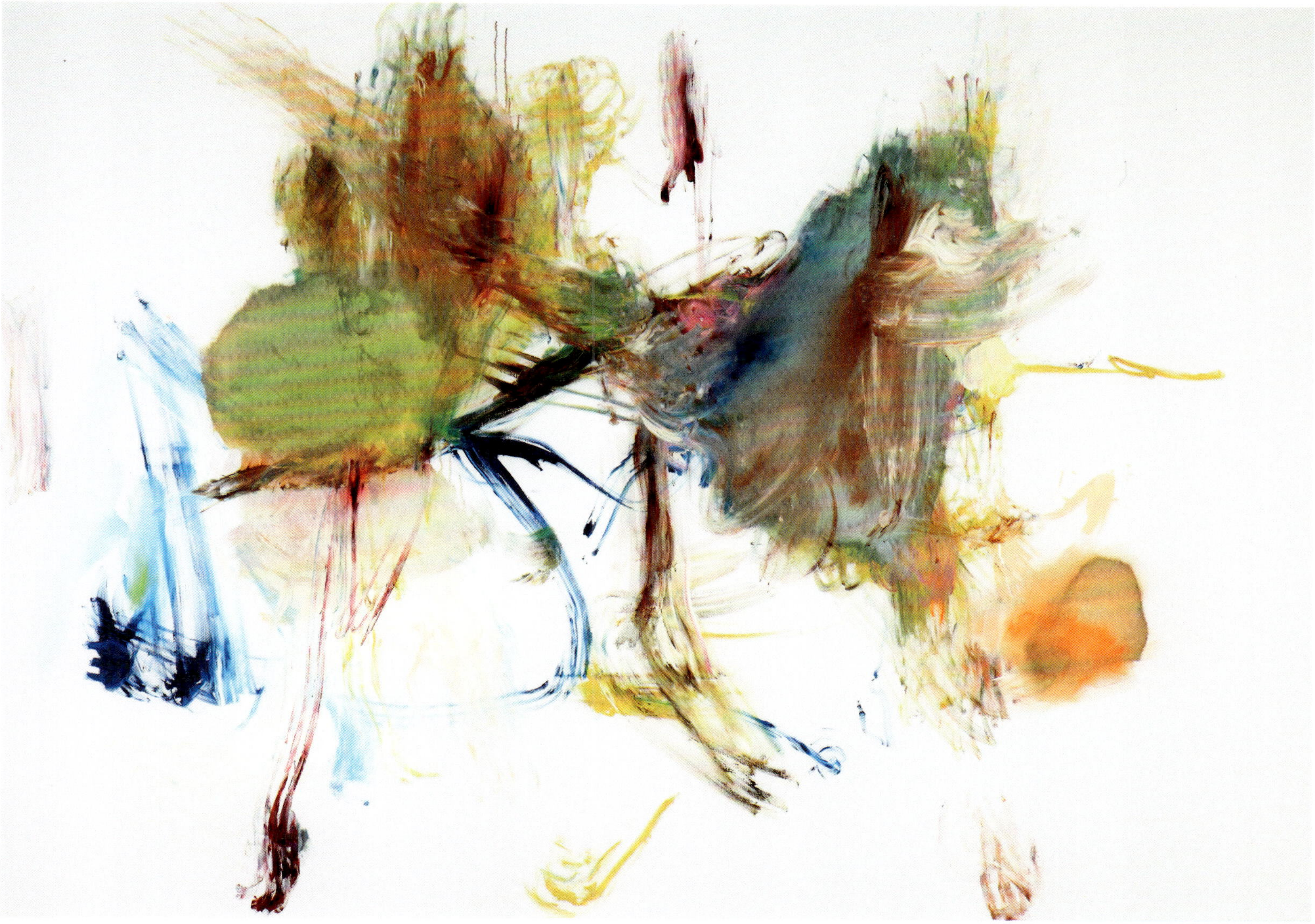

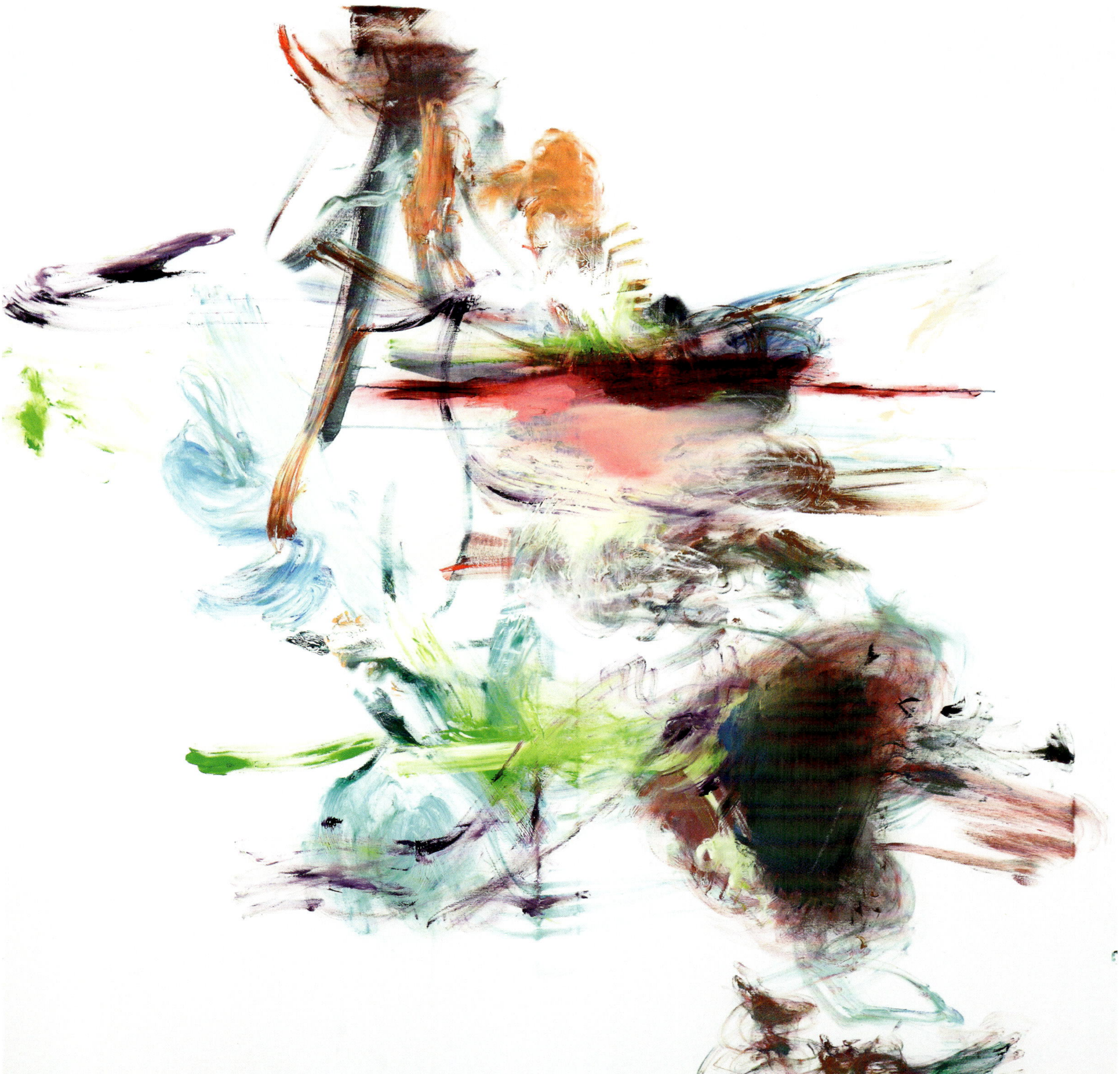

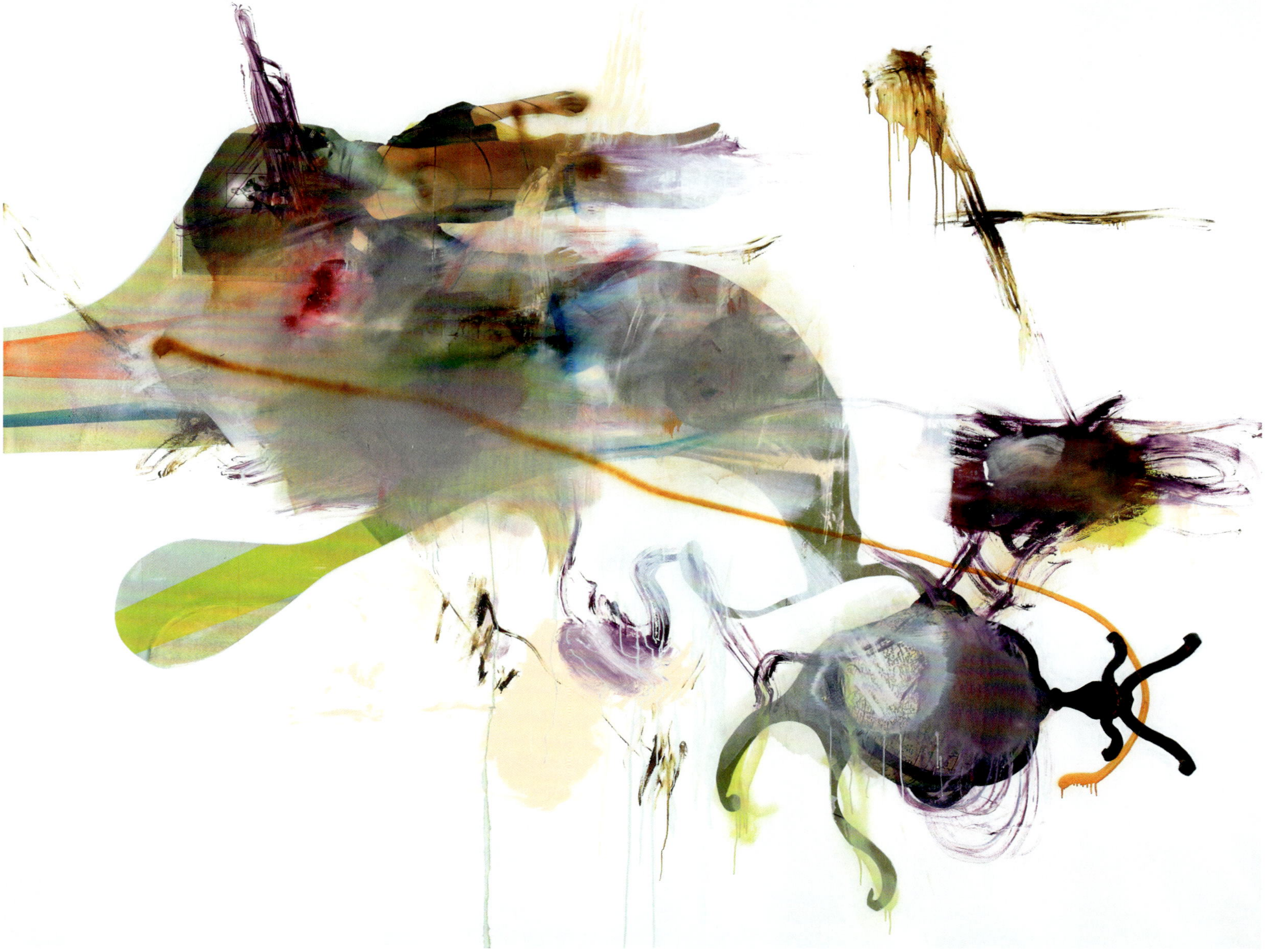

Ohne Titel / Untitled, 1989

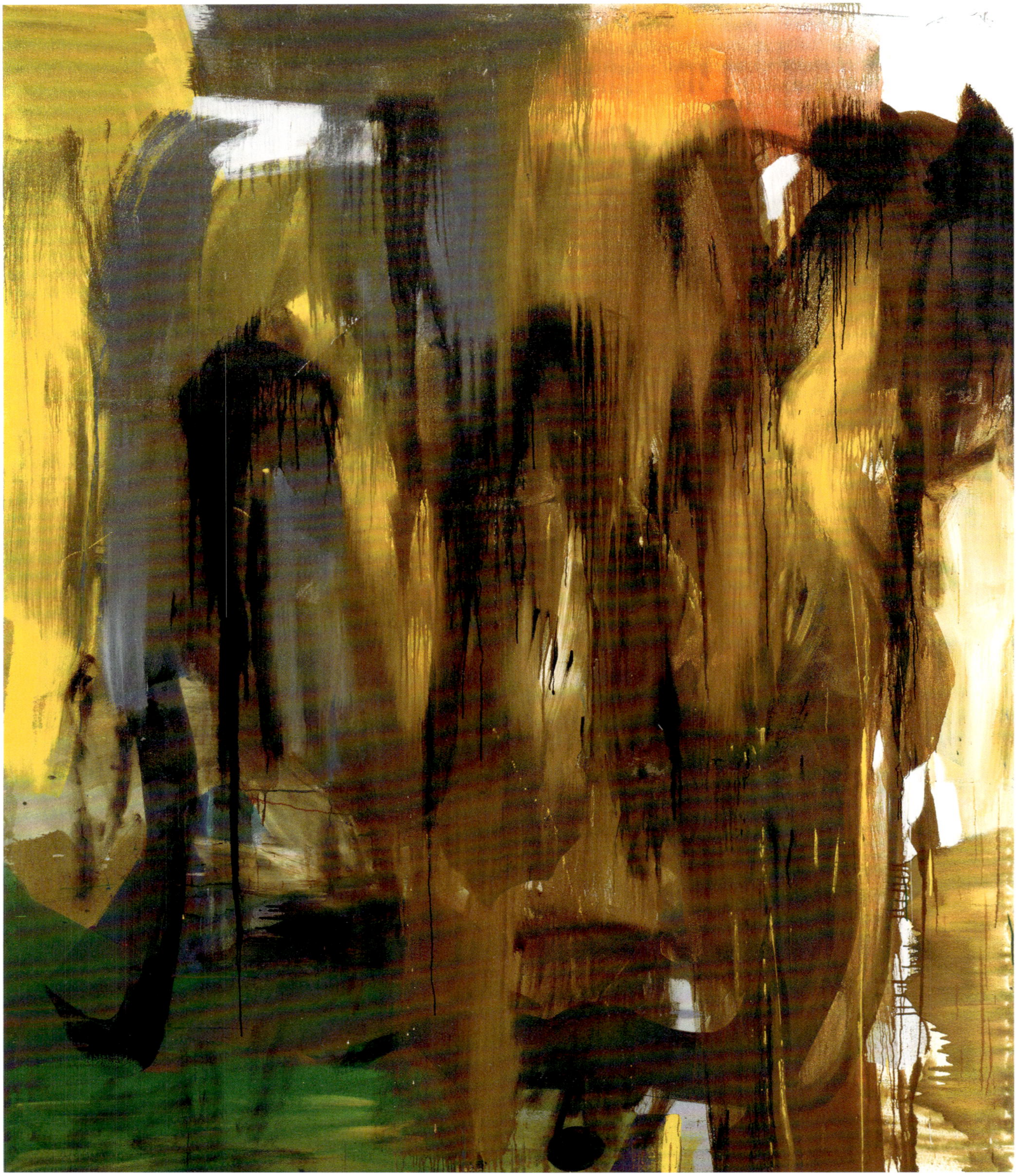

Christoph Schreier

Storm Damage – Albert Oehlen's Painting as a Visual Stress Test

"The horror of the unformed and the deformed, meanness and ugliness surround us in countless forms . . . We want to descend here, into this hell of beauty."

Karl Rosenkranz, *Ästhetik des Hässlichen,* 1853

For an artist born in 1954 the nineteen-seventies were not exactly an ideal time to take up the study of painting and to look for galleries and off spaces in which to make his debut. After decades of enormous productivity and constantly new, revolutionary visual concepts, painting seemed to have reached the point of exhaustion; what was once the supreme discipline of the arts had simply run out of visions. Having already been fundamentally challenged by discourse-oriented Conceptual Art, painting now received further competition from the new visual media, especially video art and photography, which were establishing an increasing presence in the museums. Painting's unique visual character was thus lost once and for all. All of these omens heralded a crisis, a situation to which painters reacted very differently. "Radical painting" by artists such as Joseph Marioni, Marcia Hafif, or Phil Sims, for example, chose the path to "internal emigration" in the nineteen-seventies, cultivating a kind of painting whose sublime differentiation was not possible in any other medium. Artists sought to respond to the challenges of the time with an exaggerated obsession with purity, an evasive maneuver that was quickly dismissed out of hand by the young, self-confident artists who were soon given the marketable label of "Junge Wilde" or "wild young artists."

Whether willingly or not, Albert Oehlen also came to be regarded as one of these wild young artists, for from the very start he engaged in a fundamental confrontation with painting. Instead of retreating to aesthetic niches or sheltered zones off the beaten path, he began in the nineteen-eighties to subject the genre of painting to a thoroughgoing "stress test"—a process that stemmed not least from a deeply rooted skepticism toward painting. The motive for his art is therefore not—or not only—the frequently cited (and then naively celebrated) "hunger for images,"[1] which attempts to counteract the bleakness of Conceptual and Minimal Art with a new kind of opulence; instead, it is the critique inherent in the media of a genre, which, although loved and respected, seems to have been left behind in the evolutionary history of the arts.[2] Oehlen sensed that nothing could be salvaged with a blind apology or a simple "just keep going." His artistic process, therefore, is a different, almost contrary one: he adopts the critical attitude of Conceptual Art, but articulates it not from the outside, but from the inside—from inside the painting itself.[3]

Pursuing this premise, Oehlen develops a "painted" critique of media and images, and within this framework he puts the key coordinates of painting to a test. The object of this confrontation—and thus, the theme of this text—is, among other things, the referentialism of painting, meaning its representationalism, the organization of color and composition in a painting, and the principle of

Ohne Titel / *Untitled*, 1988

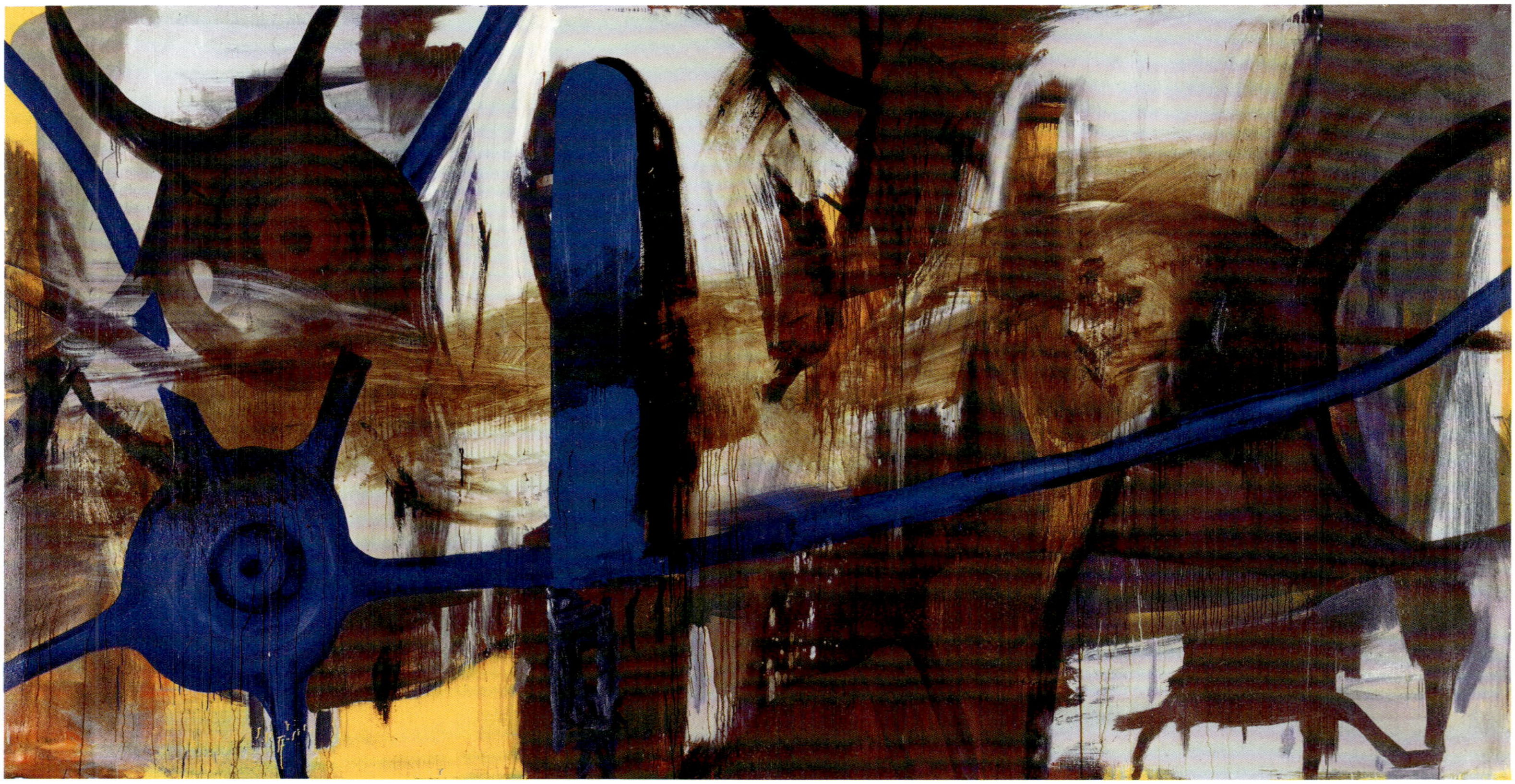

authorship, which is dealt with in the "Bionic Paintings" of the nineteen-nineties. Ohelen's approach to his medium is not particularly sensitive or respectful. Instead he follows his creative credo: ". . . the formal encumbrances and annoyances that a work of art can endure define its dignity . . ."[4] Accordingly, he—one of the great experimenters in contemporary art—goes about it in a rough way, so that his art, carried along by a painterly furor, often borders on iconoclasm. Especially in the nineteen-eighties and -nineties, Oehlen regarded himself as an exorcist of painting, driving almost all positive requirements out of the medium, as will be seen in the following. Nothing is more alien to him than the modern processes of sublimation and purification, which attempt to approximate, stage by stage, an idealized concept of the image. The anti-Mondrian Oehlen does not believe in the existence of such sublime visual ideas. Instead, he must hope that the *via negationis* will lead him to his goal, and allow him to achieve a quality of imagery in which the beauty of painting is made conspicuous by its forced absence. Respecting that, Oehlen said in a recent interview:

"I am convinced that I cannot achieve beauty via a direct route; that can only be the result of deliberation. Otherwise, we would be back at the pure sound that creates happiness—which I don't believe in. That's the interesting thing about art: that somehow, you use your material to make something that results in something beautiful, via a path that no one has yet trodden. That means working with something that is improbable, where your predecessors would have said, 'You can't do that.' First you take a step toward ugliness and then, somehow or other, you wind up where it's beautiful."[5]

As the quotation shows, Oehlen's artistic practice is defined as a dialectic process that combines a factual affirmation of painting and its beauty with a good measure of skepticism toward all of its fundamental rules and regulations. That may sound like a paradox, which it is, but only in the sense that Oehlen rejects orthodox definitions of painting. The Greek *para dóxa* means "against the (usual) opinion or view" and according to this definition, Oehlen is most certainly an unorthodox painter, who uses negation to find new opportunities for expression.

Another way to shed light on this dialectic process in painting is to compare it to theology, a field far distant from art. Theology, too, embodies a system of thought that constantly runs the risk of collapsing under the weight of its own definitions, insofar as there have been and always will be attempts to conceive of God, transcendence, and belief in different ways. One of the most interesting and consequential new approaches is "negative theology." It is based on the notion that the divine principle, the foundation of all existence, eludes not just all conceivable definitions, but also the human ability to imagine it. It thus follows that it is only possible to make statements about God by dispensing with positive terms, such as "good," the "almighty," or "great," to the extent that our intellect and understanding can be taken to the limits of logic. Then, however, when all attempts at definition have failed, our mind will be forced to accept the translogical, the acknowledgment of which, as Nikolaus von Kues says, is tantamount to a conscious, erudite kind of non-knowledge. The insufficiency and fallibility of our categories of order reveal a truth that can only be conceived of as a mode of radical critique of one's own thoughts and cognitive capacity. Only by tossing out all positions and all familiar ideas are new statements possible.

Now, Albert Oehlen—to return to our actual theme—is certainly no theologian. Yet, in his desire to free painting from its corset of supposed certainties, is he not participating in a comparable, antithetical process? Is there a quiet solemnity concealed behind the mask of the brash provocateur, this artist who is always attempting to confront the dogma of painting with the goal of regaining its

Ohne Titel / *Untitled*, 1988

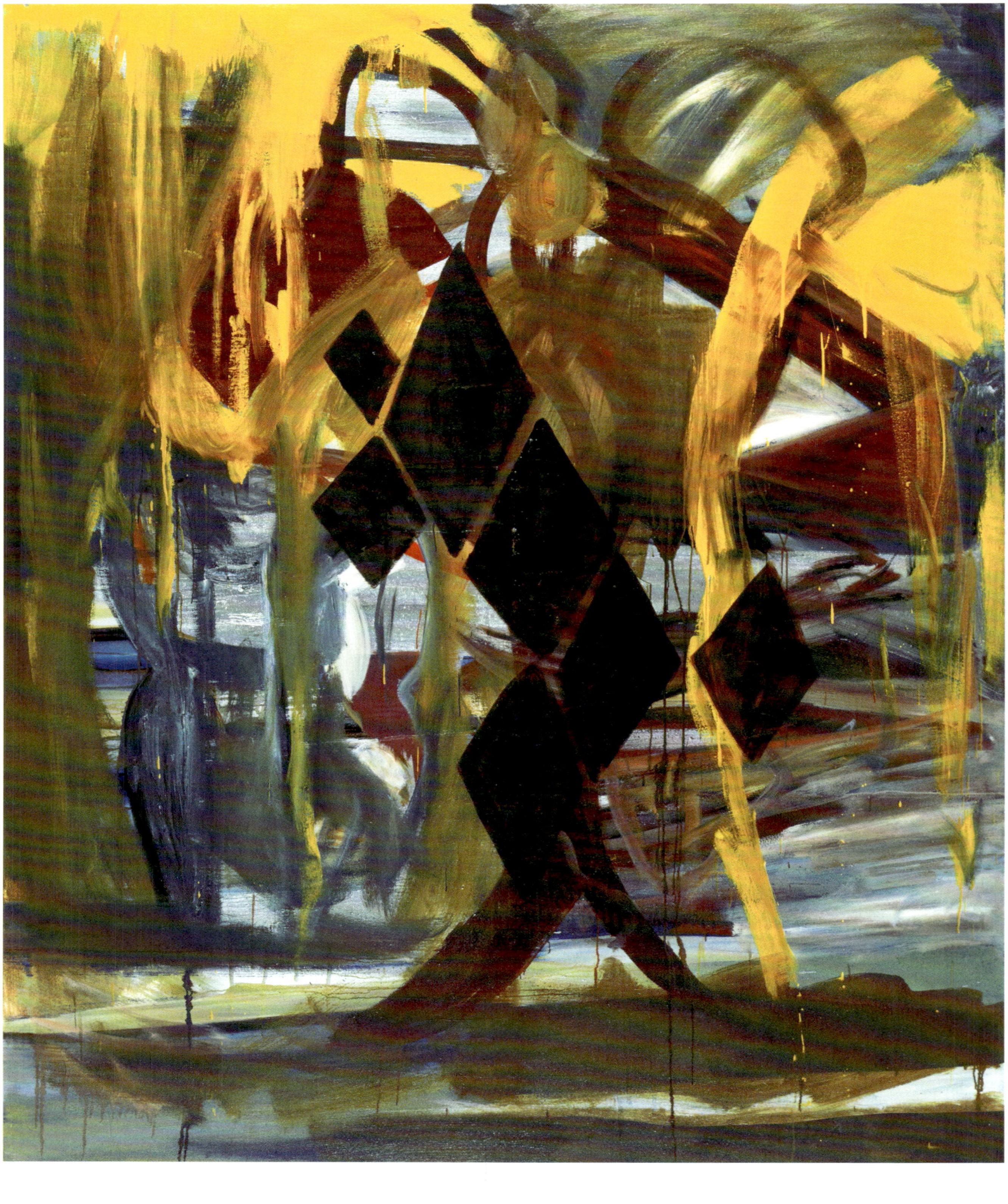

authentic expressive quality? Consequently, can painting only be preserved and rescued by rejecting all beauty, by dispensing with "style" and "success"? Oehlen's works—at least, those from his early years—seem to support this theory, since they document a context involving refusal, indirect affirmation, the breaking of aesthetic taboos, ugliness, even, and an austere kind of beauty, iconoclasm, and idolatry—something that Hegel's pupil Karl Rosenkranz had begun to contemplate in the mid-nineteenth century. In his aesthetic writings Rosenkranz describes ugliness as "negative beauty," which, in his opinion, cannot attain any sort of autonomy as long as it remains associated with beauty: "This link between the beautiful and the ugly as the destruction of beauty therefore substantiates the possibility that the ugly neutralizes itself because, through its existence as 'negative beauty,' it dissolves its own contradiction of beauty and joins it again to create a whole."[6]

Whether or not this good old Hegelian construct can also serve to describe Oehlen's path to a new kind of imagery all his own, has to be proven through an analysis of his works. The question must be clarified of how Oehlen's attacks on paintings can result in pictures that, for all their contrary spirit, are not only fascinating, but have a beauty of their own.

An early painting, entitled *Raum für phantasievolle Aktionen* (Space for Fanciful Actions) and painted in 1983 (fig. p. 28), provides evidence of this. Measuring 200 x 500 centimeters, it is one of the largest works Oehlen painted in the early and mid-nineteen-eighties, a fact that certainly further elevates its ambition and significance. It depicts an elegant interior with heavy curtains and intricately ornamented mirrors, while the harp shown on the left indicates that this is a place of high culture.[7] However, the picture does not come off as overly cultivated, since Oehlen's rough, spontaneous brushwork does away with any sort of refinement. Content and form are tangibly separated; ultimately, the entire composition is disjointed, since Oehlen places no value on coherent, illusionistic visual space. The floor in particular, rendered in fragmented tones, seems to literally slide out of the painting, so that the entire space loses its sense of solidity. Nothing is stable anymore, so that one is confronted with a real scene of downfall or demise, which Oehlen dramatically (and humorously) points up in the figure of the drowning man with his arms spread beseechingly. Yet, he is not the only one caught up in the apocalypse, which is dragging down the world and the culture of the grand bourgeoisie and aristocrat; the viewer himself is drawn into the picture through the glued-on mirrors. The painting, therefore, opens up to real space, but this does not make it more homogenous or conceptually multi-layered—like Velazquez's *Las Meninas*[8] for instance; rather, the opposite is the case. The way that the artist contaminates the figurativeness of the painting with constantly changing fragments of reality intensifies its uncertainty, and even though it is ostensibly defined as a broken mirror, as is clear from the fragmented lines on the surface, the work moves from one level of reality to another, structurally speaking.

In the nineteen-eighties, Oehlen succeeded brilliantly in making a place for himself in this intermediate zone, and one can sense his anarchic desire to use this "space for fanciful actions," which lies outside all the rules and regulations of painting. This splintered figurative space oscillates between creative independence and citations of crude realities, and Oehlen guards against taking either side. Even though representationalism is frequently just a crude joke that should not be taken too seriously, abstraction is not a real alternative, either. Switching to non-representationalism would simply be exchanging one implausible paradigm for another, which is why Oehlen has also spoken very disrespectfully about self-satisfied exercises in painting. For him, that kind of "pure painting" is "technical masturbation"[9]—and he rejects it entirely for his own art. This is why he

Kotzimmer, 1982

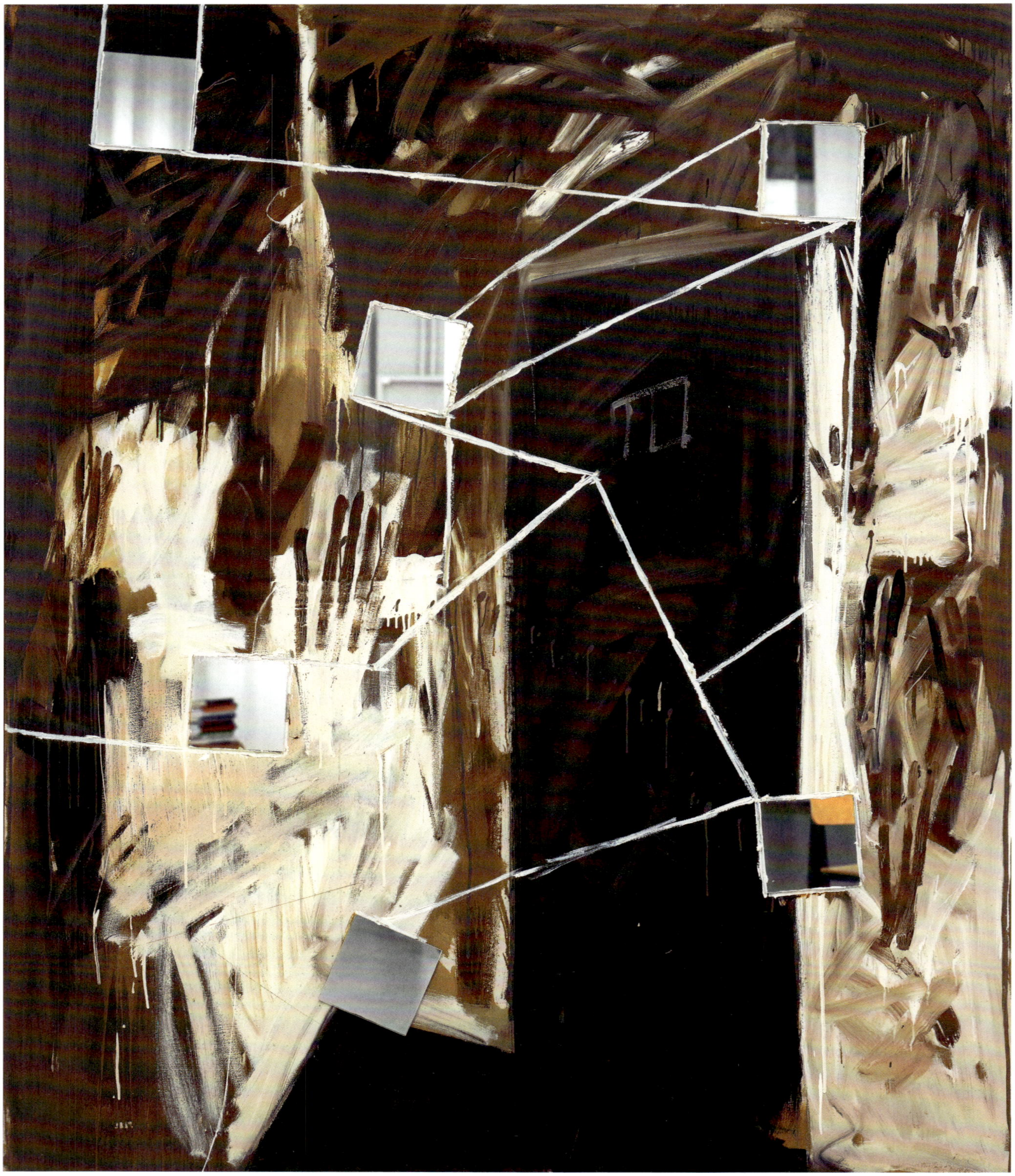

opposes elaborately orchestrated color, arguing instead—certainly polemically—in favor of a style that comes closer to "smearing" paint around.[10]

This decidedly anti-aesthetic attitude is drastically articulated in paintings such as *Kotzimmer* (Excrement Room, 1982; fig. p. 76). Its appearance is defined by the selection of colors, which range from white and beige to umbra and black; this palette is based not in art, but in politics; more specifically, it has to do with an episode from the civil war in Northern Ireland in the nineteen-eighties. The battle between the British army and the Loyalists on one side, and the IRA on the other side was not only fought in the streets, but in the prisons, too, where IRA prisoners protested their internment and its inhumane conditions by smearing their own excrement on the walls of their cells. Oehlen's *Kotzimmer* makes reference to this, as his "palette" is obviously based on something other than a sublime, self-referential exploration of color. He seems not to give a shi— about this; at any rate, it is neither the basis for, nor the theme of, the painting; Oehlen's work is never oriented toward systematization or communicating an experience of totality, anyway. This is because Oehlen is more concerned with the process than with the goal. He never pursues a preexisting, overall vision, or works according to a creative master plan. Instead, he "fills" his substrates with continually new pictorial postulates that are attuned to each other, until he reaches the point where they can hardly tame the flood of colors and forms, or absorb them in an orderly fashion.

This is especially true of the works that date from the late nineteen-eighties and early nineteen-nineties, like *Ohne Titel / Untitled* (1989; fig. p. 70) This picture documents a compressed kind of painting that not only nullifies the visual space, but also extinguishes individual acts of creativity. Layer is laid on top of layer, until it reaches the point where the creative act turns into the destruction of all previous forms. Since, at the same time, parts of them are still recognizable, the work is defined as a vessel for criticism and euphoria in equal measure that contains many possible paintings, yet casts doubt on definitive solutions. At any rate, it no longer seems possible to naively affirm the "work" and painting itself as the production of autonomous, quiescent—meaning self-referential—paintings. This is a critical attitude toward the work which Oehlen shares with Gerhard Richter despite all of their differences. They are connected by a postmodernist skepticism toward all forms of individuality and authenticity, regardless of whether this applies to the work or the artist.

For this reason, it is not surprising that Oehlen confronts the myth of artistic self-expression as the foundation for all creative work. This is what he did in his "Bionic Paintings," which he began in 1992. They discuss the authority of the artistic subject by delegating crucial tasks of creativity and presentation to the computer, meaning, ultimately, a machine. As Oehlen once said, he was haunted during this period by concepts such as "computer art" or "computer painting."

"They had taken hold of my mind, and I wondered what something like that might look like. In 1990 I bought a Notebook . . . Then I did a couple of simple drawings with it and found out what could be done with the few pixels in that kind of low resolution. I still didn't know what to do after that, but the next logical step was to enlarge the images for the average format I was using at the time . . . and then transfer them via silkscreen to the canvas."[11] There they are now, looking even rougher due to the enlargement, appearing as dark lineaments, revealing their mechanical association primarily through the gradated diagonal lines of the pixels. Although the artist's gestures rework the overall picture constructed by the machine, this does not change the fact that Oehlen's "bionic" (biologically mechanical) series of works completely redefines artistic authorship.[12]

Apparently, with this phantasm of creativity, Oehlen, puts paid to the notion of the work of art as grounded in the "élan vital" of the artist-subject–and only in him. Probably nobody embodied this concept, this ideal image of the artist, better than Jackson Pollock, whose abstract black-and-white structures might come to mind when one first sees Oehlen's paintings. Yet, there are no elemental psychological forces at work here, because in the "Bionic Paintings," the medium influences the message. In an almost programmatic way, Oehlen opposes the myth of the artistic self, independent of time and context, by pointing out the media and technological boundaries of independent authorship. To him it is very clear that the computer provides a new foundation for our ways of thinking and creating, and that a naïve, defensive reaction on the part of painting would lead nowhere.

In this sense, one must regard Oehlen as a sensitive artist who reflects upon social and technological changes, and has sought a new basis for painting in a time that has been difficult for it. Borne by a critical affirmation of painting, the avowed skeptic creates new visual possibilities out of pure impossibilities, while his goal remains constant: paint a good picture. The fact that this can no longer arise today out of a wholly independent understanding of the artistic self is made obvious by Oehlen's paintings. In order to forge new paths, painting has to work with machete and crow bar, as it were, so that beauty can be born out of resistance, failure, and ostentatious ugliness. Thus, the specific dialectic described by Karl Rosenkranz prevails in Oehlen's art. Even though Hegel's student argued for prioritizing beauty, one must admit that the artist "cannot always avoid" its dark side, the "ordinary," the "random," the "formless," and the "rough"–in other words, the ugly. "For often it is needed as a transit point in the manifestation of the idea, as a kind of transparency."[13] And aren't Oehlen's paintings vivid evidence of that?

1 For more on this, see Wolfgang Max Faust and Gerd de Vries, *Hunger nach Bildern: Deutsche Kunst der Gegenwart* (Cologne, 1982).

2 Evidence that Oehlen is thoroughly aware of the antiquity of his métier is provided in the depictions of dinosaurs in his paintings from the nineteen-eighties. As truly anachronistic creatures they conjure up the battle for survival waged by a genre that has often been pronounced dead.

3 For more on this, see the interview that Oehlen gave to *Monopol* magazine in early 2010. In it he stated that Conceptual Art's reservations about the panel painting are correct. See *Monopol* 1 (2010), p. 45.

4 Albert Oehlen, quoted by Ralf Beil in "Rotlichtbezirk: Vom Eros der Verunreinigung im Œuvre Albert Oehlens," in *Albert Oehlen: Selbstportrait mit 50-millionenfacher Lichtgeschwindigkeit,* exh. cat. Musée cantonal des Beaux-Arts de Lausanne (Zurich, 2004), p. 36.

5 For more on this, see the *Monopol* interview cited above (see note 3) esp. pp. 45–46.

6 Karl Rosenkranz, *Ästhetik des Hässlichen,* edited by Dieter Kliche (Stuttgart, 2007), p. 15.

7 A photograph from this time shows Oehlen dressed as a dandy and posing in front of this painting. Ironically, his elegant appearance supports the motif's claim–which the painting hardly supports. One imagines that a "wild painter" would have a different appearance! Hans Werner Holzwarth, ed., *Albert Oehlen* (Cologne, 2009), p. 8.

8 The mirror is a classic motif, a topos of painting, because its theme is representationalism, its own *verismus.* What is interesting about Velazquez's painting is the way that he expands the painting conceptually, using the painted mirror in the background, which reflects the royal couple. This turns what is seen into a section of an imaginary space.

9 *Albert Oehlen im Gespräch mit Wilfried Dickhoff und Martin Prinzhorn* (Cologne, 1991), p. 38.

10 See, for example, Roberto Orth, "Ohne Titel (Frühwerk)," in Holzwarth 2009 (see note 7), pp. 23ff.

[11] "Bionische Malerei: John Corbett & Albert Oehlen," in Holzwarth 2009 (see note 7), p. 252.

[12] For more on this, see, for example, Albert Oehlen, *Ohne Titel / Untitled,* 1992, silkscreen, acrylic, and oil on canvas, 240 x 200 cm, private collection.

[13] Rosenkranz 2007 (see note 6), p. 13.

Absteigende heiße Strahlen, 2003

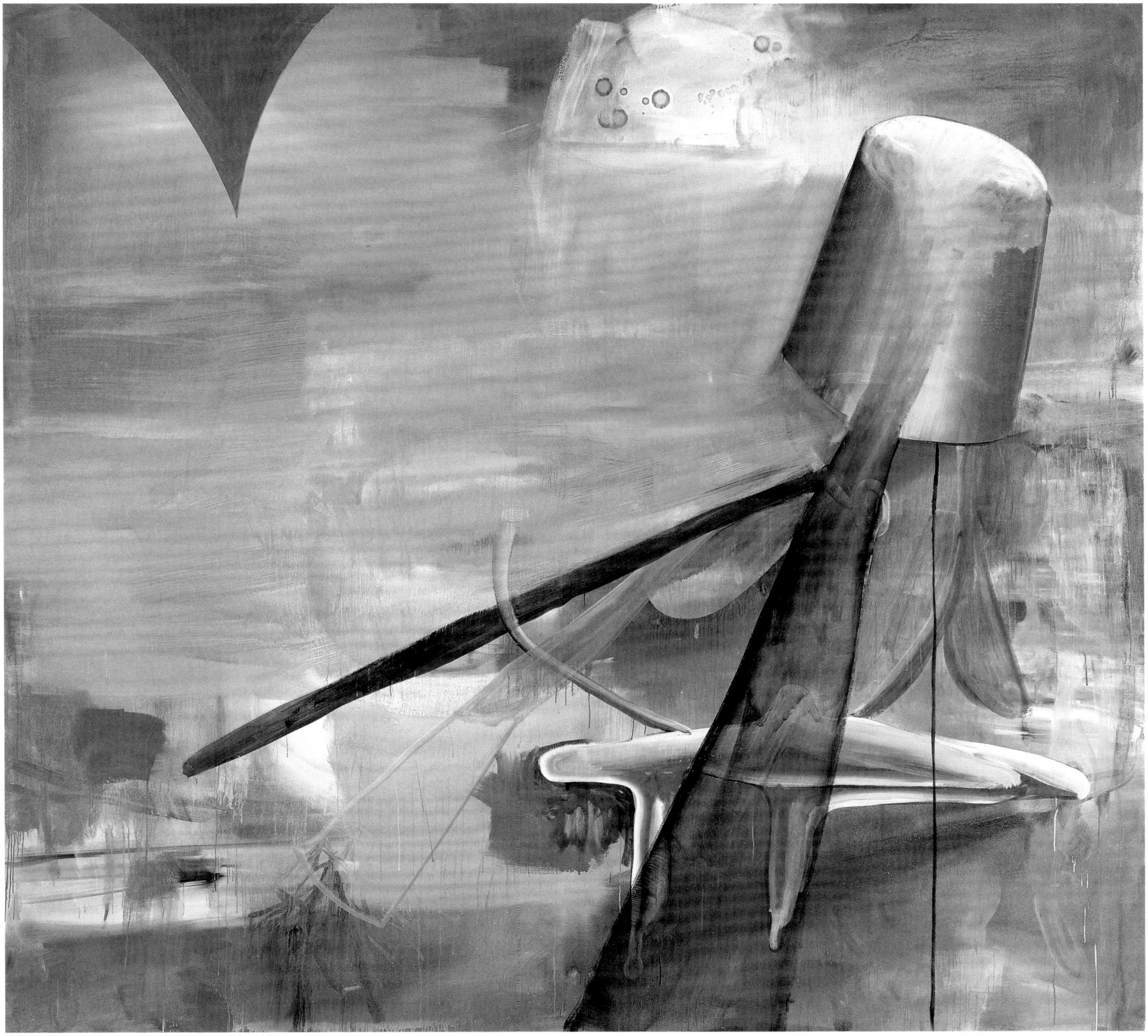

Sohn von Hundescheiße, 1999

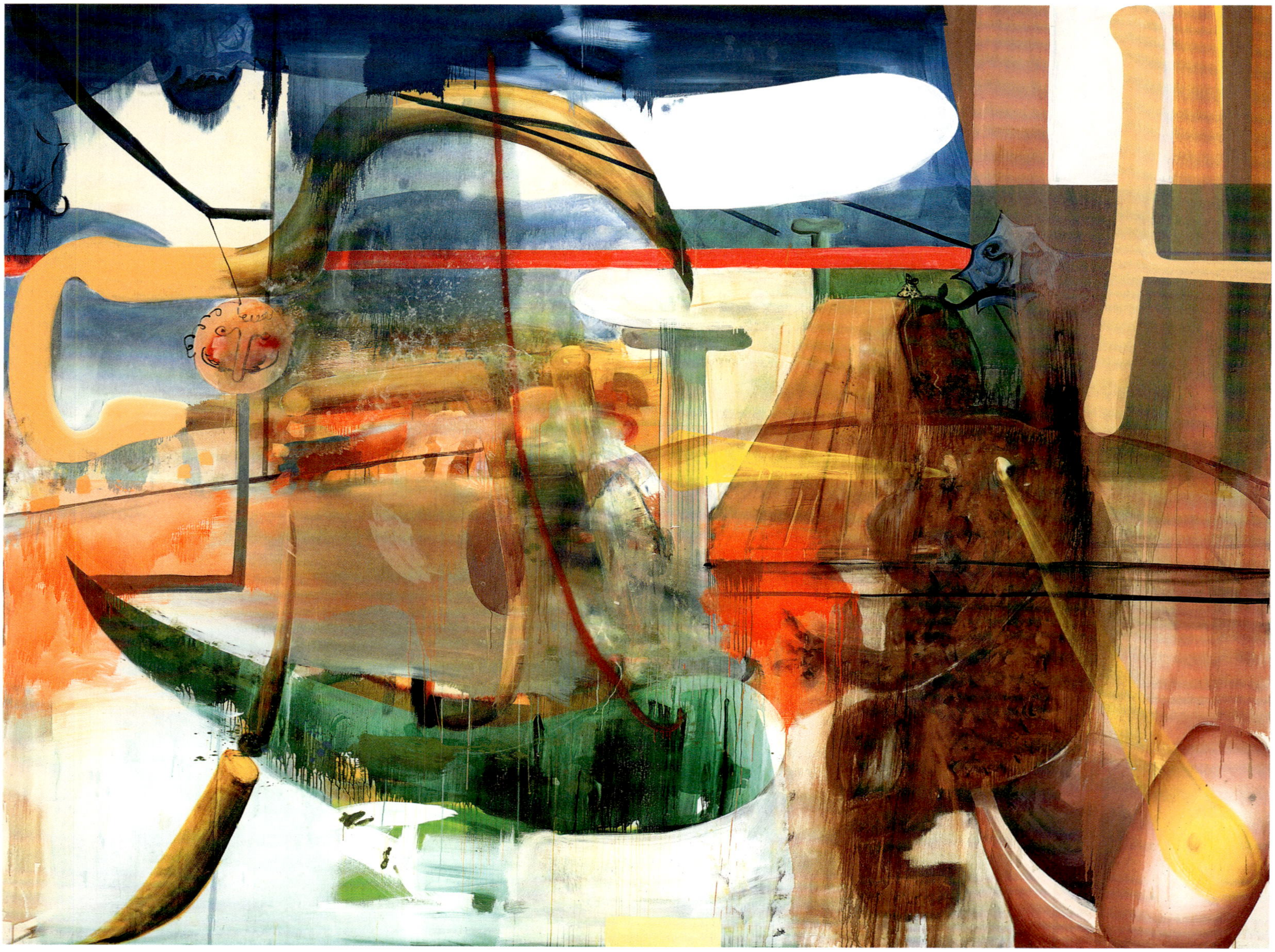

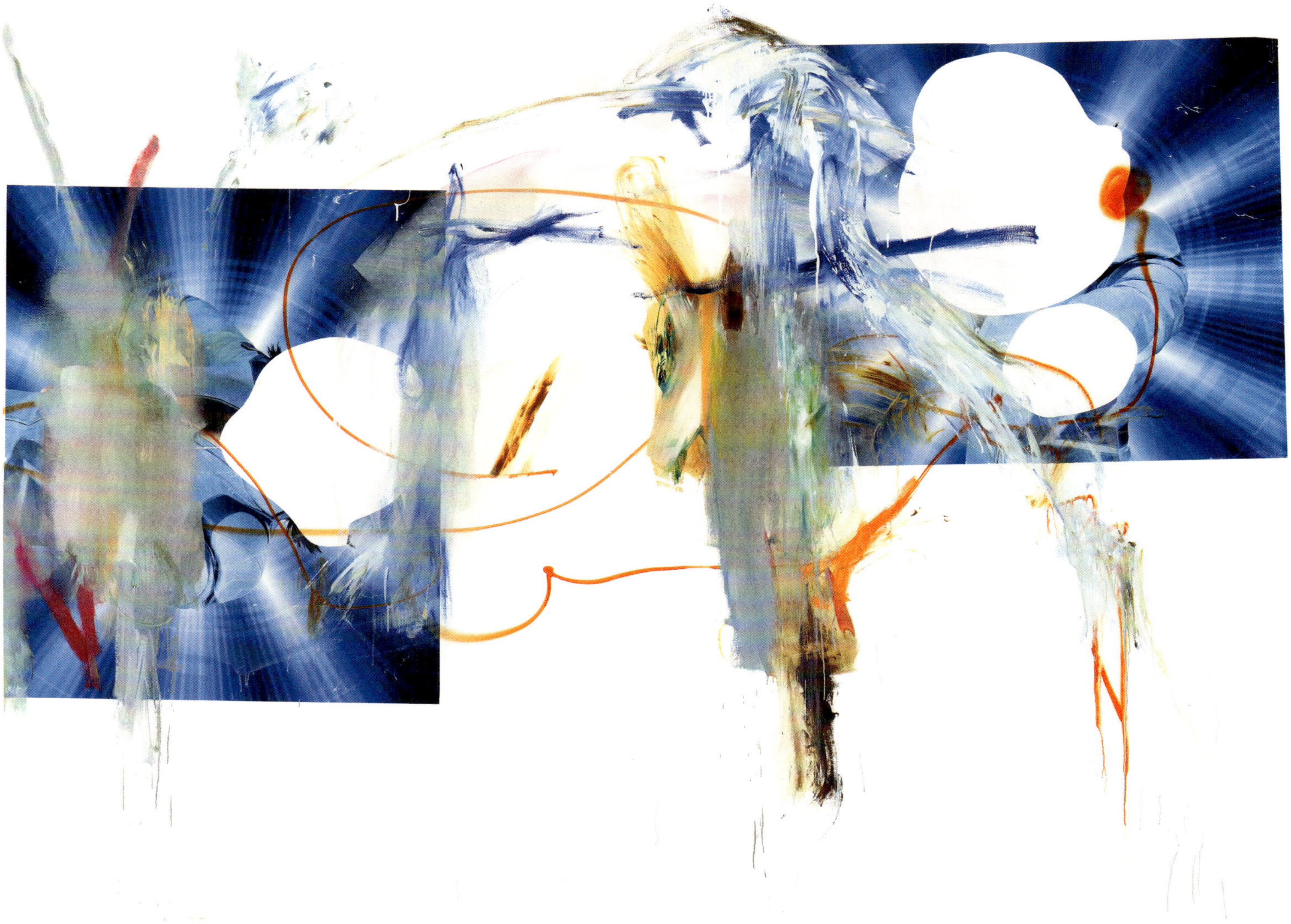

Ohne Titel / Untitled, 1988

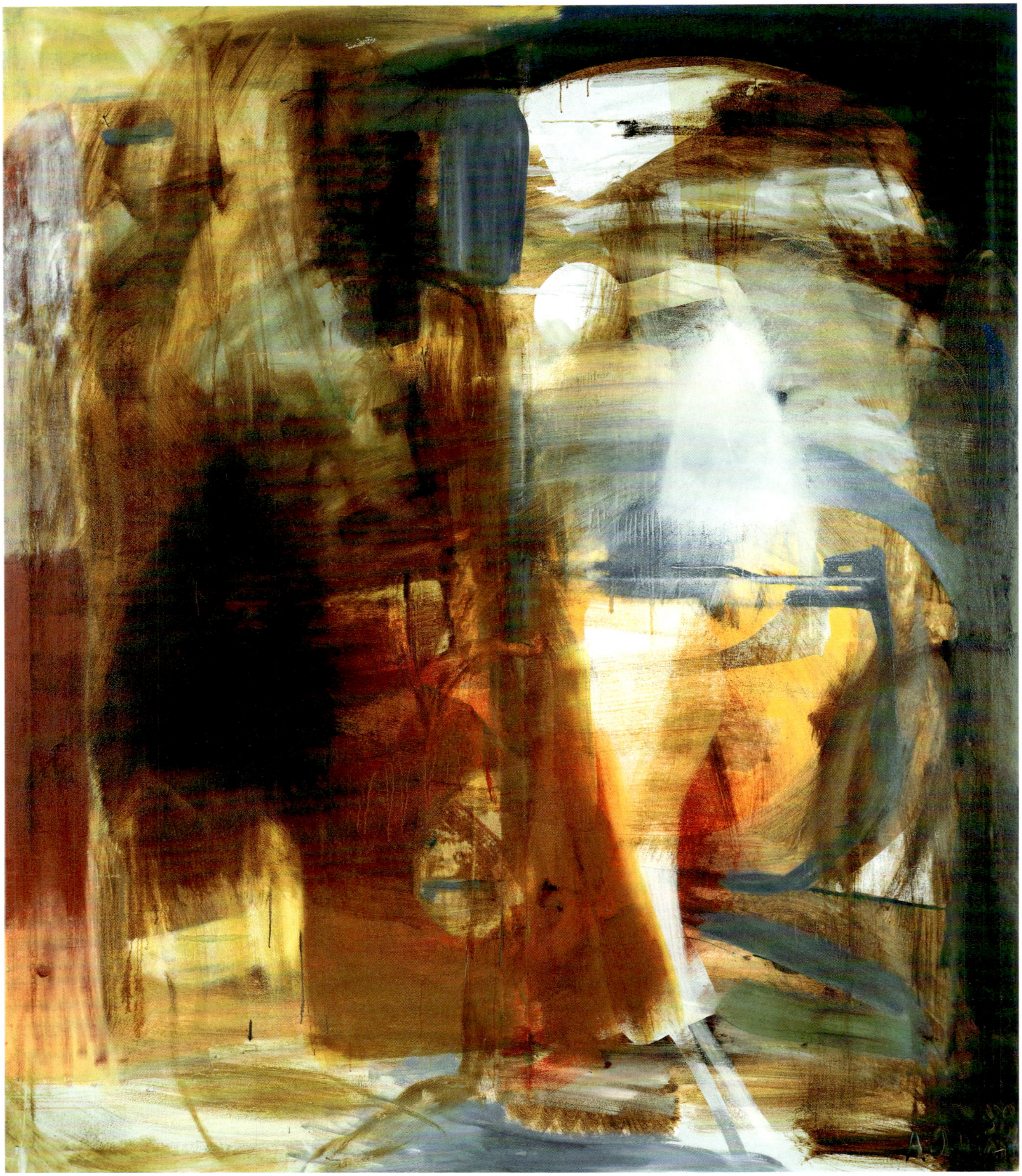

Ohne Titel / Untitled, 1989

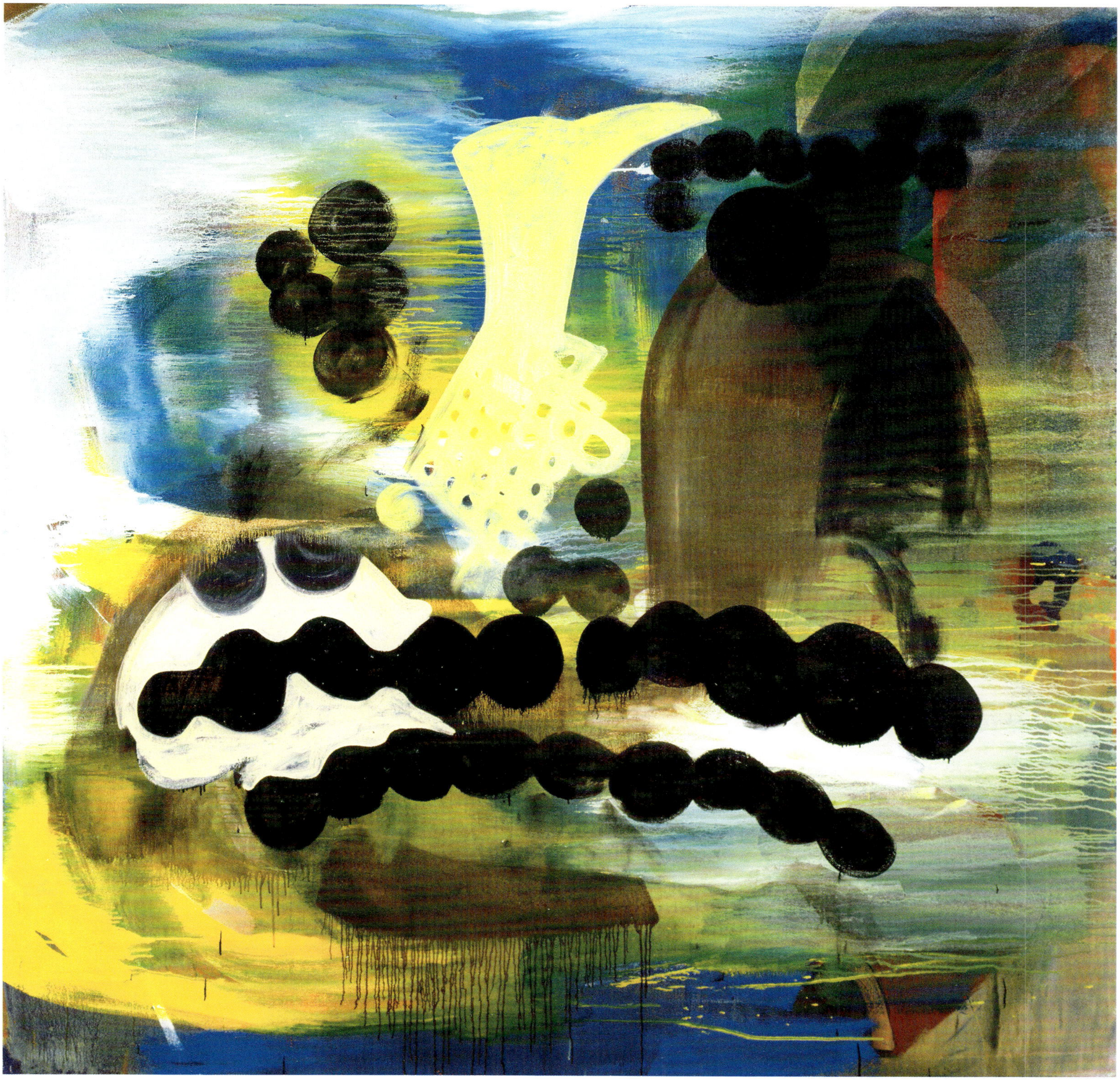

(Im) Frisörstuhl, 1998

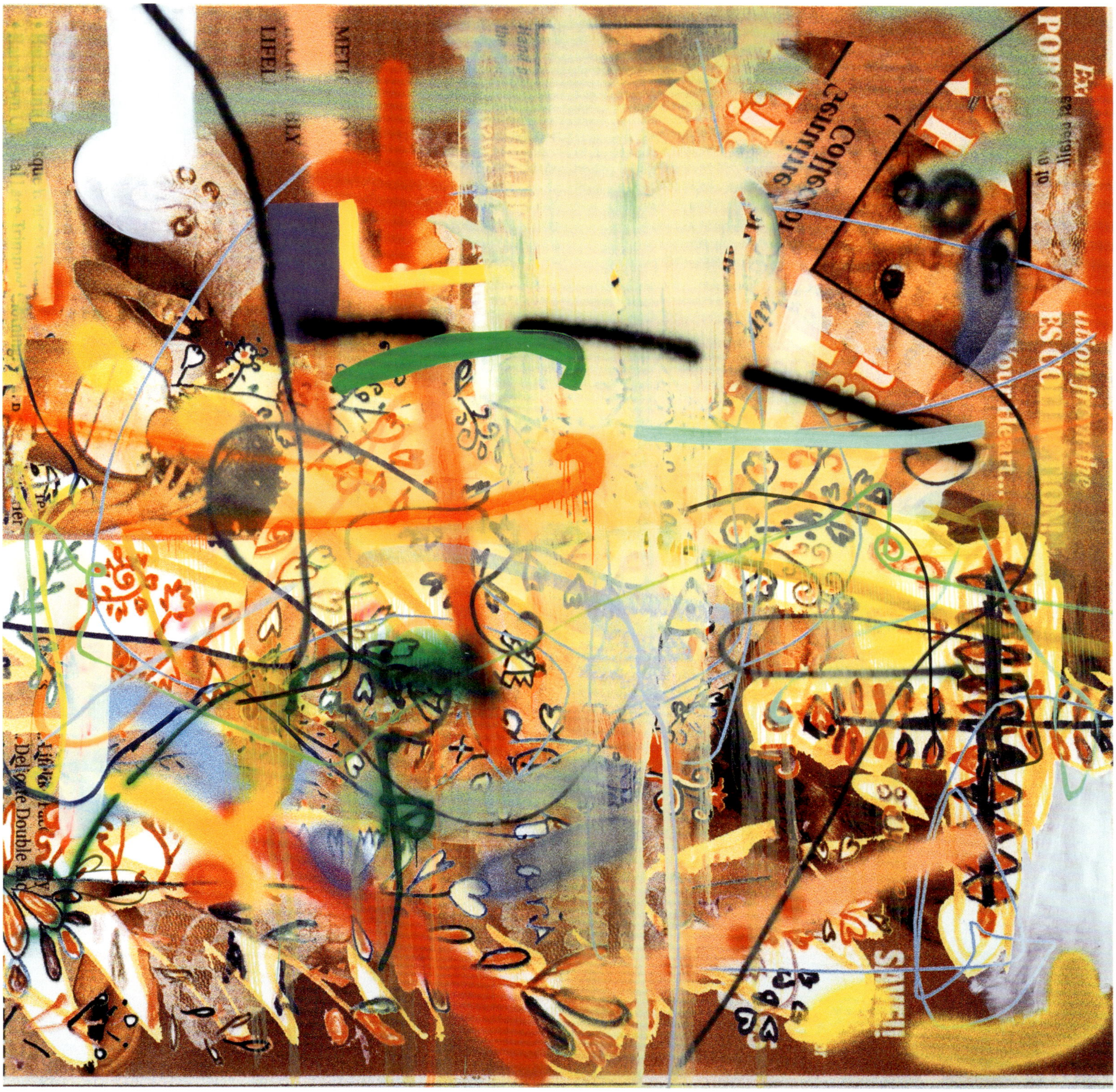

More Fire and Ice, 2001

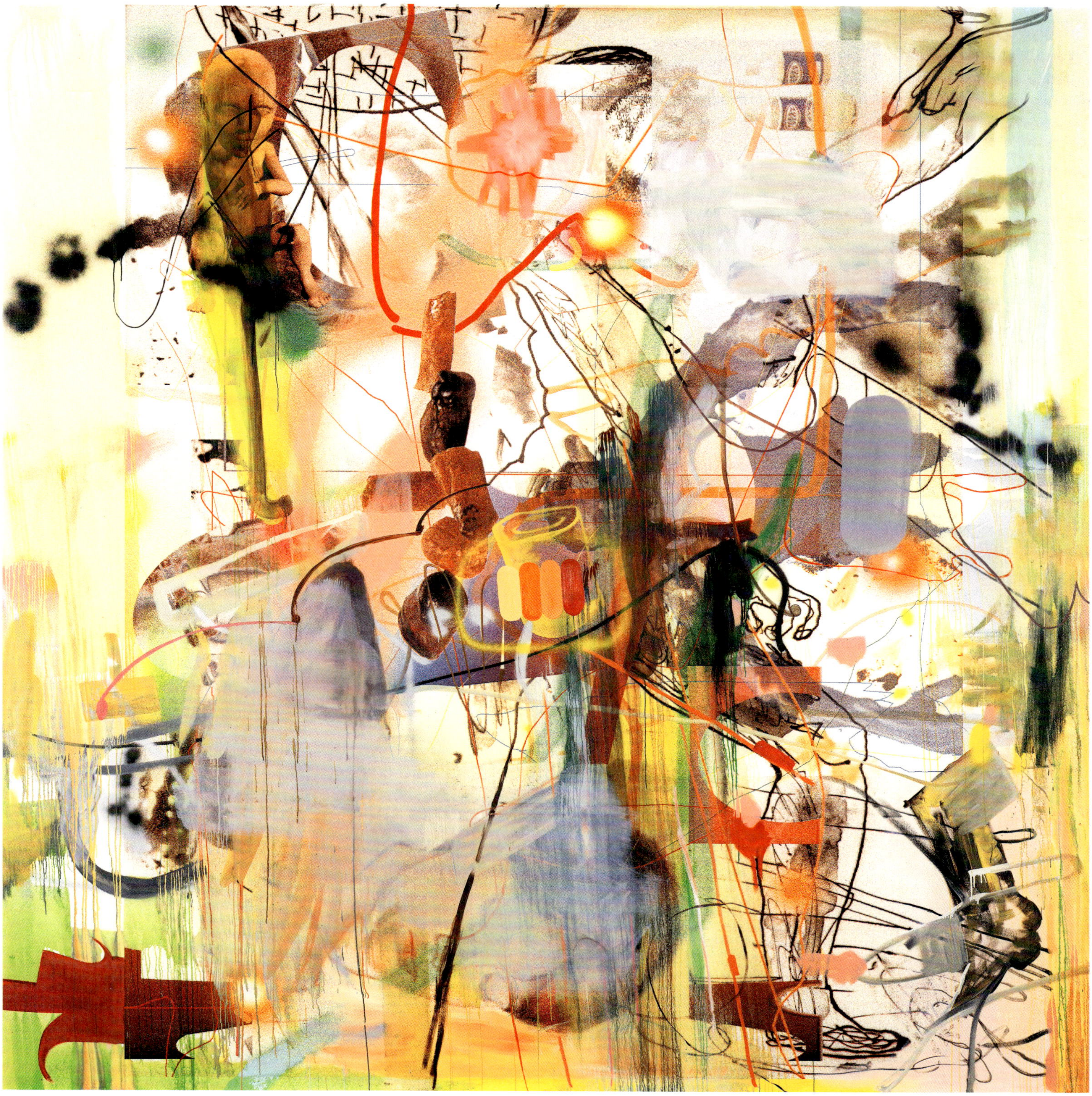

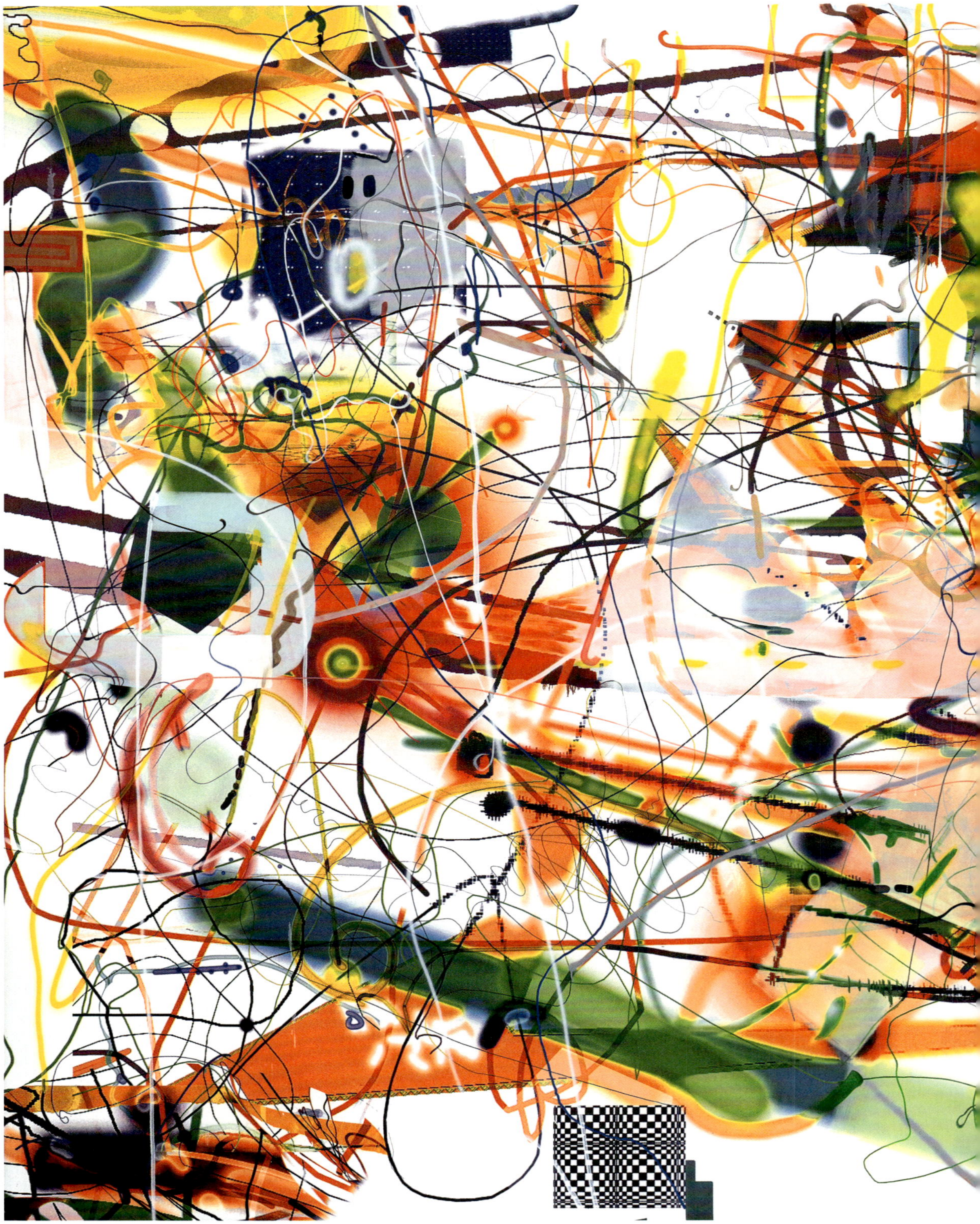

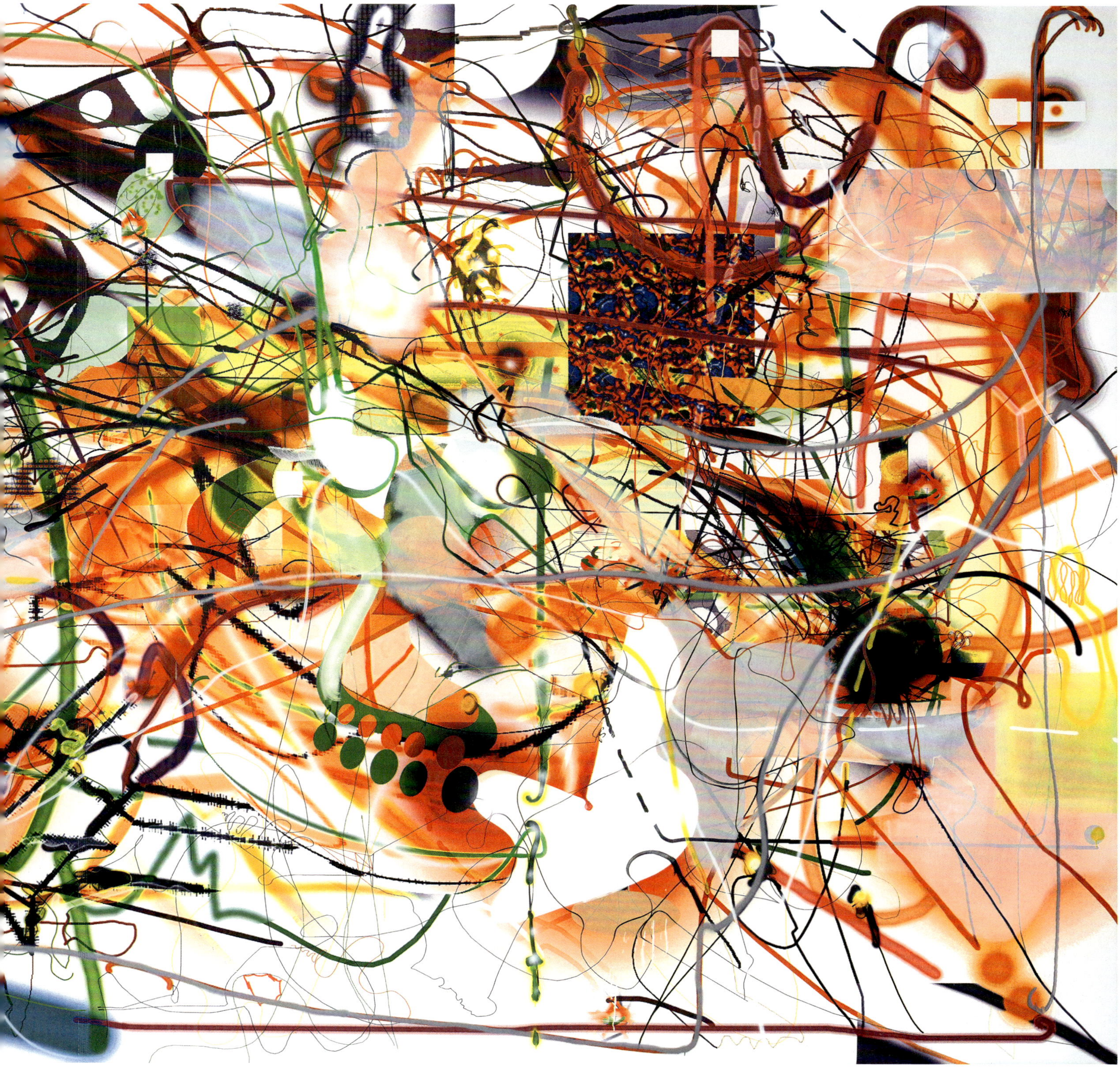

Taschentuch, 1998

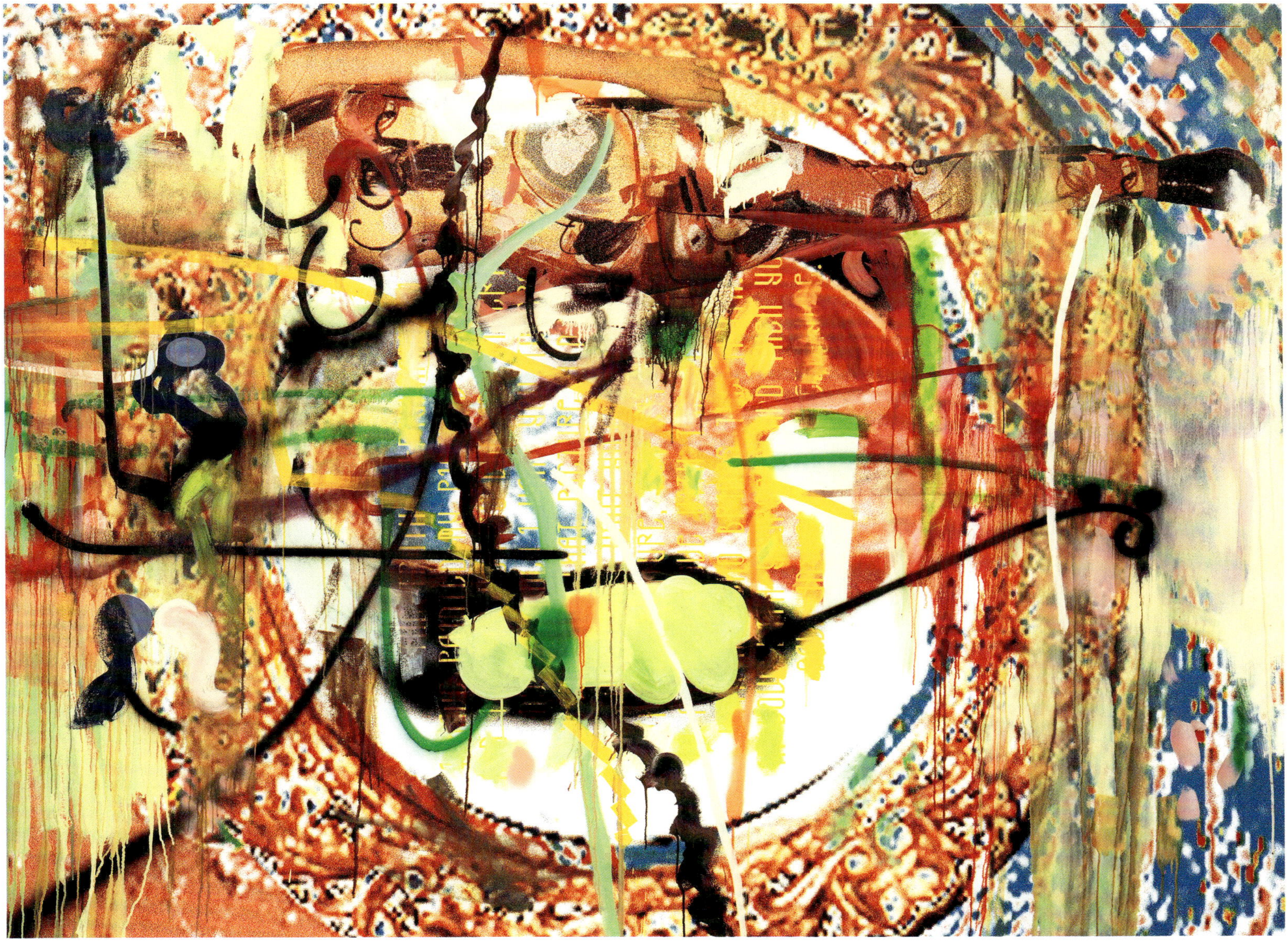

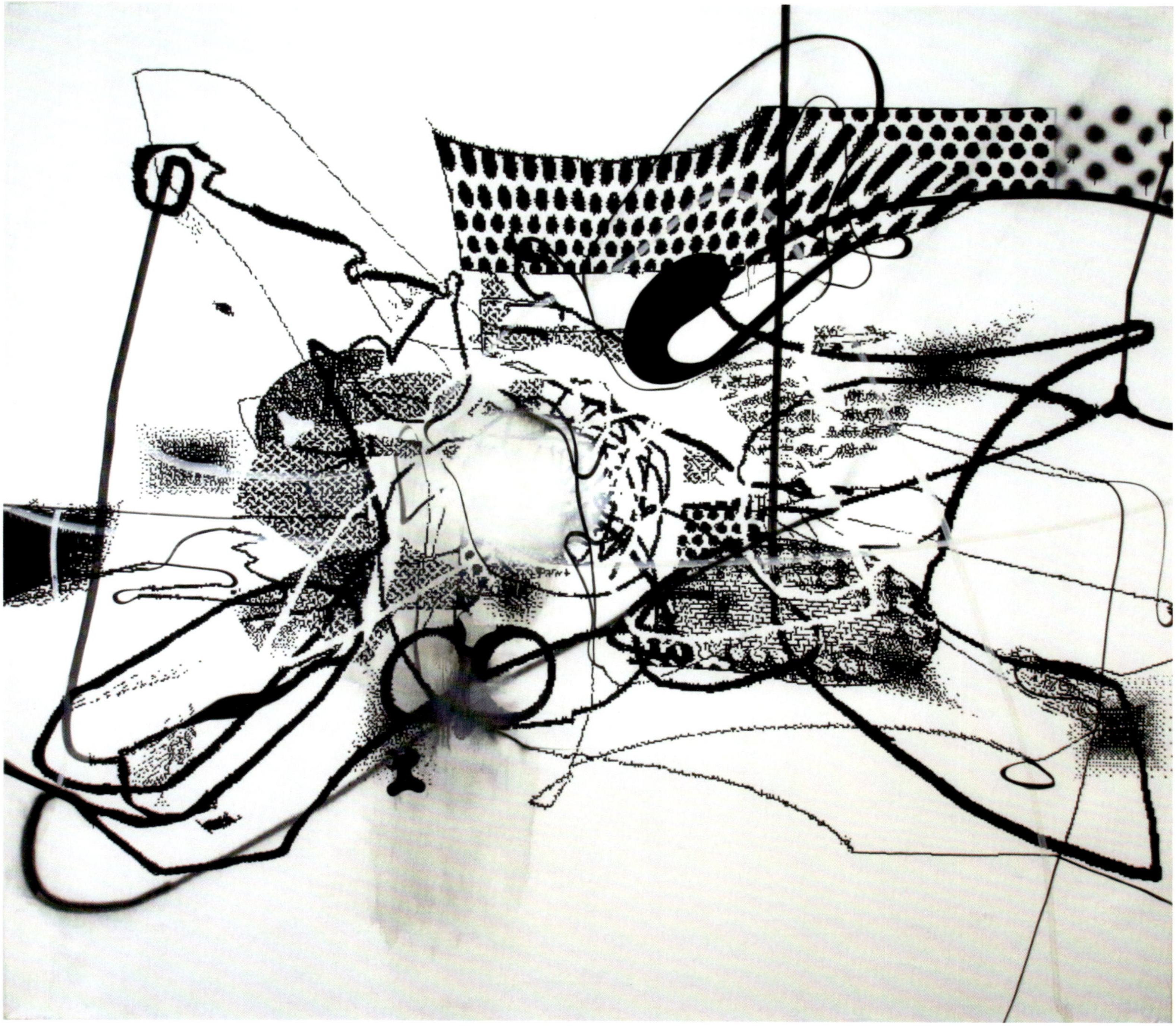

Ohne Titel / Untitled, 2004

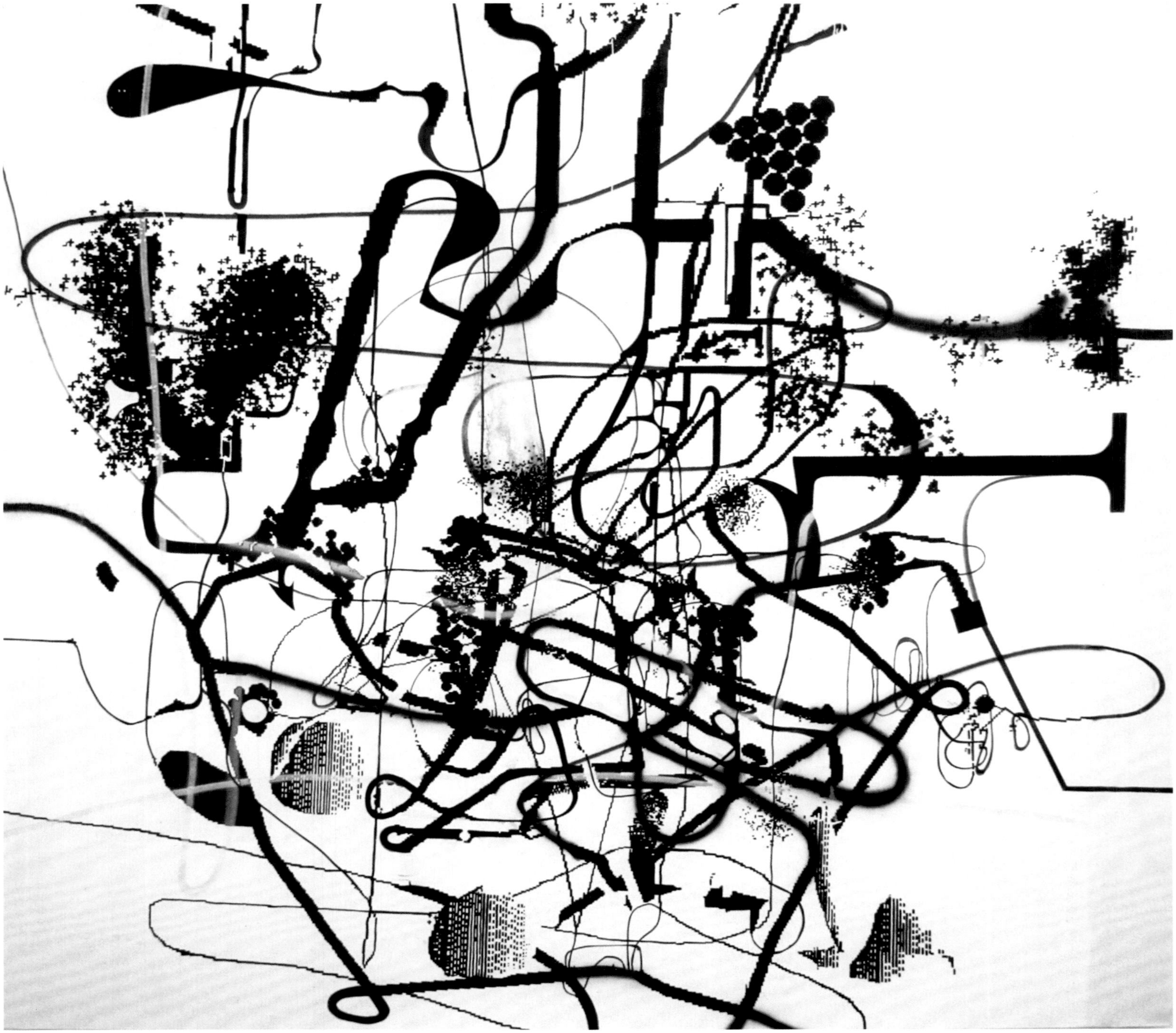

Fleisch, 1995

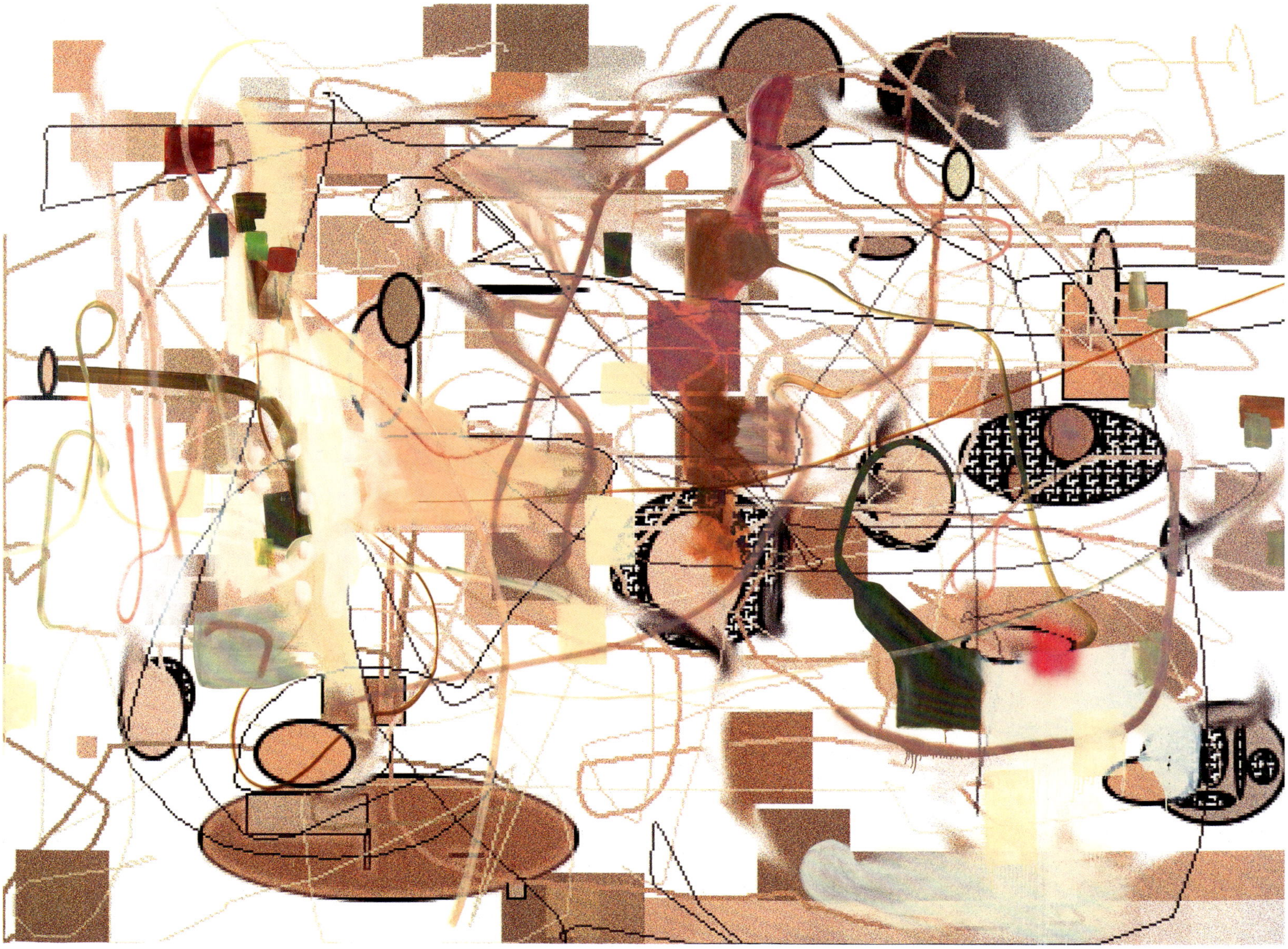

Frau Zen, 2008

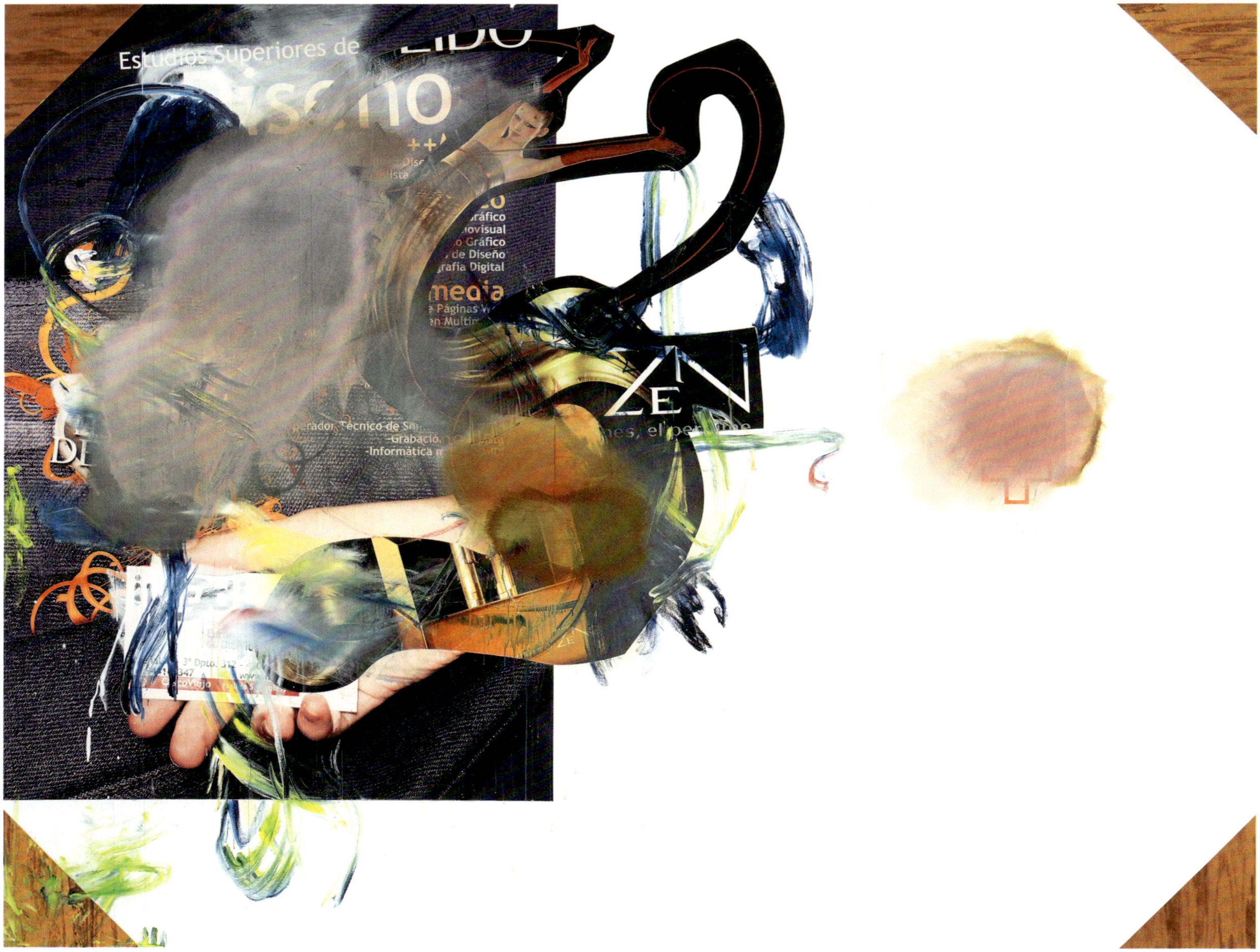

John Corbett & Albert Oehlen

Räudig. Ein Gespräch und eine Playlist

John Corbett: Sprechen wir über Punk. Ich habe gehört, wie man dich als Punkmaler bezeichnet hat, und ich habe gelesen, dass manche sagen, du seist stark von Punk beeinflusst, aber mir schien das nie zutreffend zu sein. Da wird entweder Punk missverstanden oder du. Oder beide. Für mich hatte Punk in seiner ursprünglichen Form immer zwei Bedeutungen: entweder eine Art Idealisierung des Amateurhaften – das »Der-hat-noch-nie-zuvor-ein-Instrument-in-der-Hand-gehabt«-Ideal – oder, zum anderen, die Bejahung von etwas wie absolutem Nihilismus. Beide Vorstellungen gehen, in meinen Augen, am Kern deiner Kunst vorbei.[1]
Albert Oehlen: Die Idealisierung des Amateurhaften hätte ich, auf Kunst übertragen, nicht interessant gefunden. Der demokratische Gedanke darin ist schön, aber das gibt es ja eigentlich schon überall. Jeder darf malen. Brisant wird das nur, wenn es in Museen hängt. Weil die aber auch nicht unbegrenzt Mist zeigen wollen, muss doch noch ein zusätzlicher Gedanke involviert sein. Ansonsten hat man sich von den Amateuren eine besondere Frische versprochen. Was soll's. Interessant finde ich, wenn Sven-Åke Johansson beim Improvisieren ins Dichten verfällt und Sachen macht, wo man nicht mehr weiß, ob er als Schwede im Deutschen unsicher ist oder schlicht die Grammatik gleich mit improvisiert. Nihilismus sagt mir aber auch nicht viel.[2]
JC: Im alltäglichen Sprachgebrauch steht Punk vermutlich schlicht für »bad attitude«. Und damit hast du dich von Zeit zu Zeit in deinen Bildern durchaus beschäftigt. Vielleicht auch nur unter dem antiautoritären Aspekt. Aber das gehört ja zum echten Künstler dazu, die Abneigung dagegen, sich von anderen Vorschriften machen zu lassen.[3]
AO: Der Bad-Attitude-Aspekt beim Punk war interessant, weil man nicht wusste, was daraus wird. Genauso Agression, Spontaneität und so weiter. Aber damit hatte ich nicht viel zu tun. Provokation hat mich eher theoretisch interessiert. Die typischen Provokationen hat man schnell raus: Beleidigungen, böse Symbole, Sex und ekelhaftes Zeug. Das kommt also schon mal nicht in Frage. Ich bin dann eher zufällig darauf gestoßen, wie ärgerlich insbesondere die Kritiker darauf reagieren, wenn sie sich missachtet oder unbeachtet fühlen. Manchmal sogar genau durch das Fehlen der eben genannten Provokationen. Eine Haltung wie: Ich interessiere mich nicht für Farben oder Komposition oder Ähnliches erzeugt, soweit sie nicht als Konzeptkunst daherkommt, extreme Ablehnung. Damit konnte ich arbeiten.[4]
JC: Mich beschäftigt das Verhältnis deiner Bilder zu Frank Zappa, der, wie ich weiß, zu deinen Favoriten zählt. Zappa entspricht dir viel mehr – in punkto Humor, Intelligenz, Streitlust, Brisanz, Dämlichkeit, Eleganz, Exzess, Virtuosität, Amateurhaftigkeit. Und wenn man an die ursprüngliche Bedeutung des Begriffs in den 1950er-Jahren denkt, ist Zappa ein totaler Punk.[5]
AO: Ich mochte Zappa und höre mir manchmal noch mal eine LP an. Aber als ich das kennenlernte,

Ohne Titel / Untitled, 2009

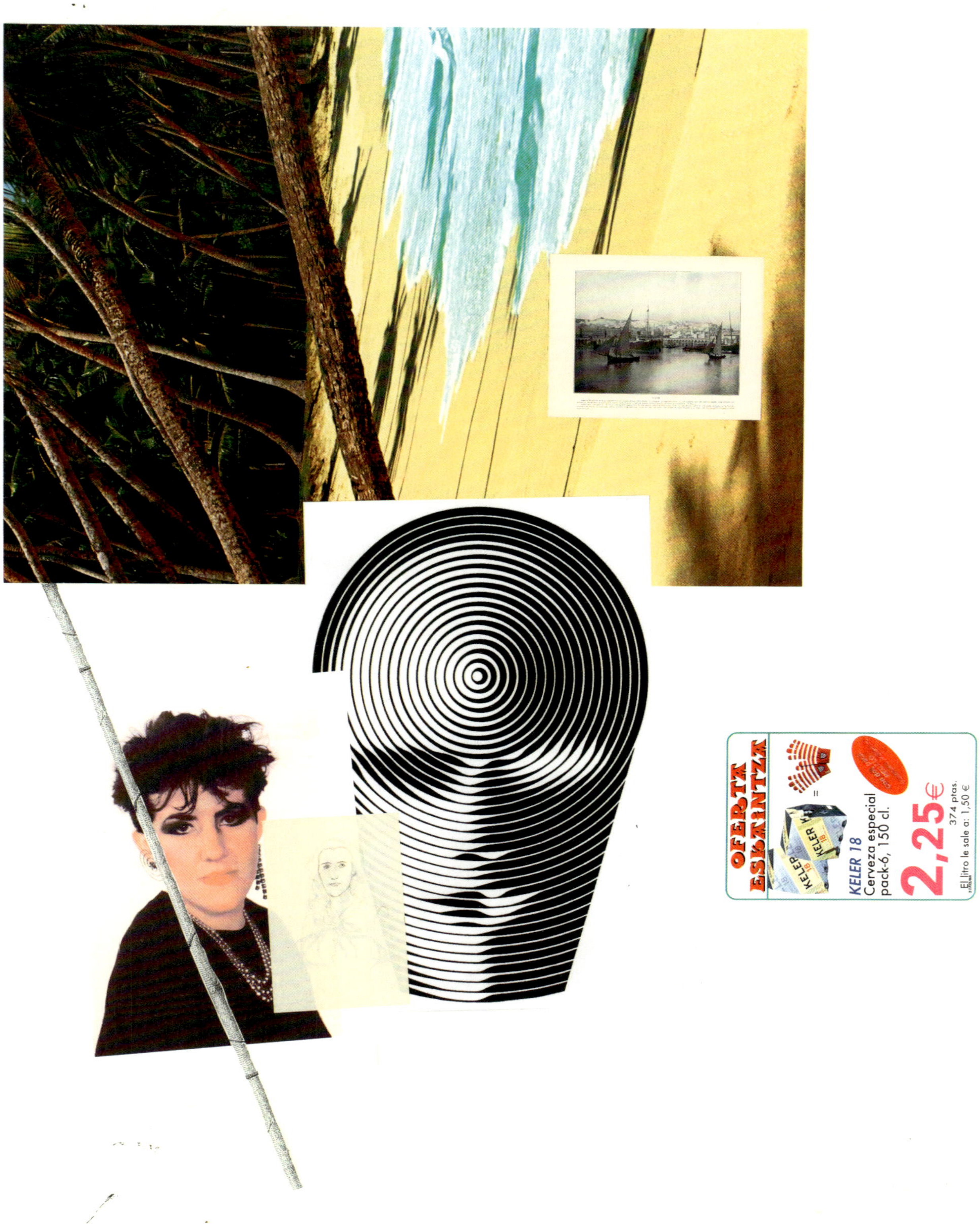

war ich 14, und da gab es einige Missverständnisse und Projektionen. Als ich später anfing, auf die Texte zu hören, war ich enttäuscht, aber vielleicht verstehe ich es immer noch nicht. Was ich in ihm sah, war extrem wichtig für mich und ist es immer noch. Aber wie gesagt weiß ich nicht, ob das den Tatsachen entspricht. Das Zusammenbringen von politisch-ironischen Elementen mit Jazz und nachgemachter zeitgenössischer Musik erschien mir revolutionär und war es wohl auch. Den Impuls, Unvereinbares zusammenzubringen, habe ich sicher daher. Die Skurrilität und der extreme Eklektizismus entsprachen genau meiner damaligen Vorstellung von avantgardistischer Kunst. Keine Ahnung, wer in der Kunst eine solche Arbeit abgeliefert hat. Roman Opalka sicher nicht.[6]

JC: Erinnere ich mich recht, dass du mit Polke auf einem Zappa-Konzert warst?

AO: Nein, mit Polke habe ich Motörhead gesehen, als sie den Song »Motörhead« hatten, aber vor *Ace of Spades.*[7]

JC: Großauftritt für Lemmy. Das muss fantastisch gewesen sein. Ich frage mich, was Polke von Motörhead hielt.[8]

AO: Polke kannte Lemmy von Hawkwind. Er hat dann ein Mädchen im Publikum wiedererkannt, die bei denen getanzt hat.[9]

JC: Du hast mir unglaublichen Metal vorgespielt, ein Genre, mit dem ich mich nicht sehr beschäftigt hatte. Ich denke vor allem an Krisiun, einfach irre. Ich empfinde bei Metal vor allem die Intensität, aber ich erinnere mich an ein Gespräch mit dir, in dem du gesagt hast, Intensität sei für dich kein sonderlich interessantes Kriterium oder Charakteristikum in der Musik oder Malerei. Wenn dem so ist, was suchst du im Metal?[10]

AO: Krisiun spielen sehr schnell. Dumme Melodien, aber ziemlich räudig. Intensität ist es aber nicht, worauf ich aus bin. Beim Malen bin ich emotionslos. Vielleicht erzeuge ich etwas Intensives, aber nicht dadurch, dass ich irgendwas intensiv mache oder bin. Ich bin kein Metal-Spezialist. Einiges von dem Speed Metal, den ich mag, hat eine sedierende Wirkung auf mich. Hör dir Cannibal Corpse an und konzentriere dich auf die Patterns, die die spielen, das wird dich in eine hübsche Trance versetzen. Das würde ich mit meinen Bildern auch gern erreichen, aber das hab ich nicht unter Kontrolle.[11]

JC: Räudig. Das gefällt mir. Wie ein kranker Hund. Komisch, wenn du das so beschreibst, klingt es, als funktioniere Metal so, wie Minimal Music funktionieren soll, und ich habe fast den Eindruck, Metal ist sogar wirkungsvoller, weil er unterschwellig operiert, sich an sein Opfer anschleicht. Man erwartet von Metal keine sedierende Wirkung; er soll stimulieren. Aber die Patterns in Verbindung mit dem hohen Tempo erzeugen eine desorientierende und hypnotisierende Wirkung. Vielleicht weil Double Kick Drums schneller schlagen als das Herz und beim Zuhörer physische Verwirrung stiften.[12]

AO: Speed Metal scheint von Aggression zu handeln und will einen dazu bringen, an den eigenen Eingeweiden zu nagen, ist laut und hat Gitarren und Gebrüll. Aber was abläuft, sind Muster und Variationen, die einen, wenn man sich auf sie konzentriert, dösig und friedlich stimmen. Hingegen erreichen Musik oder Kunstwerke, die versuchen, mich zu beruhigen, das Gegenteil.[13]

JC: Beschäftigst du dich mit Op-Art? Deine Bilder wirken wie das genaue Gegenteil zu diesem Ansatz. Ich denke da an ein Collage-Element in einem deiner Gemälde, das ich vor einigen Jahren in einer Ausstellung in Paris gesehen habe, es hatte einen Op-Effekt. Du hast das wunderbar neutralisiert, die hypnotische, psychedelische Wirkung herausgenommen.[14]

AO: Op-Art ist neben Color-Field-Painting die einzige Malerei, die einen physischen Effekt auf den Betrachter hat, ohne die Psyche zu beanspruchen. Das ist schlecht. Ich zitiere das manchmal in

Ohne Titel / Untitled, 2009

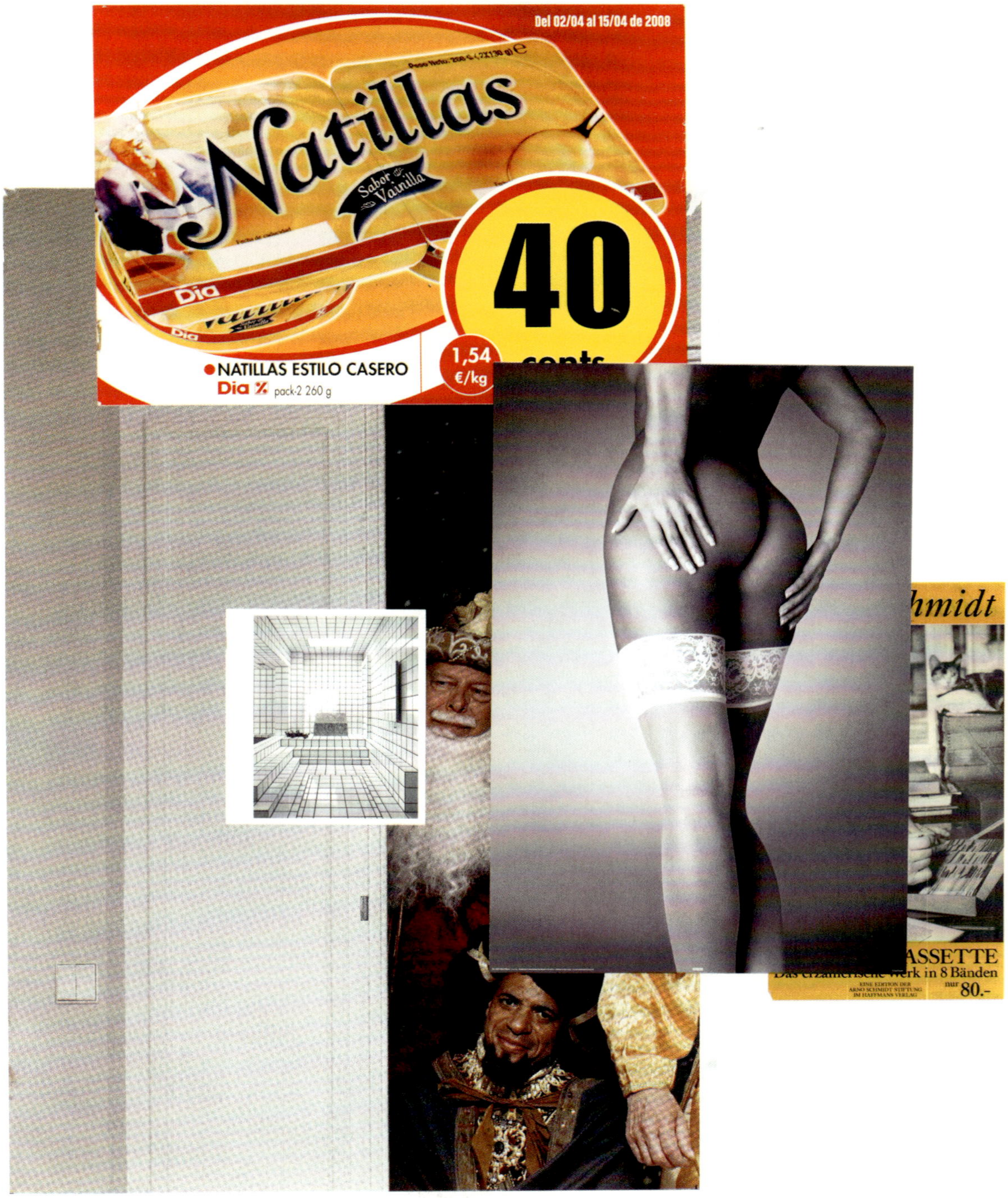

meinen Bildern. Ich habe nie drüber nachgedacht, aber jetzt, wo du es erwähnst, glaube ich, ich bin ein Op-Art-Künstler.[15]

JC: Du sagst also, Op-Art ist schlecht, aber du bist ein Op-Art-Künstler?[16]

AO: War ein Scherz. Aber einige meiner Bilder können dich schwindlig machen.[17]

JC: Das stimmt, aber der Schwindel entsteht über die Psyche, nicht dadurch, dass man sie heraushält. Apropos Scherz, mich beschäftigt die Frage nach dem Humor. Humor kann eine heikle Sache sein, nicht wahr? Bei manchen Künstlern werden die Dinge durch Humor trivial oder belanglos. Ein Scherz kann ziemlich schnell verpuffen; die falsche Art von Humor hat nur begrenzte Lebensdauer. Andererseits ist Humor lebenswichtig. Wer keinen Sinn für Humor hat, läuft Gefahr, schwülstig zu werden, bierernst, dogmatisch, anämisch. Mikhail Bakhtin hat gesagt, dass Lachen im Grunde subversiv sei, dass es die Autorität untergrabe. Für mich hilft Humor zumindest, Zweifel in den Mix zu streuen.[18]

AO: Du sagst es. Humor ist eine menschliche Qualität, und es ist besser, man hat ein bisschen davon. Vielleicht ist es aber besser, nicht zu viel drüber nachzudenken. Es gibt viele Arten von Humor, und manchmal gilt etwas als humorvoll und wir wissen nicht, ob es lustig gemeint ist. In jedem guten Kunstwerk ist ein Problem und die Lösung kommt als Überraschung. So funktioniert Humor. Wenn ein richtig gutes Kunstwerk einen am Kopf trifft, wird es einem einen Lacher entlocken.[19]

JC: Wie siehst du die Beziehung zwischen deinen Collagen und den Gemälden? Natürlich lassen sie sich in den letzten Jahren kaum mehr trennen, einige Collage-Ideen sind in Gemälde eingeflossen – ich denke da an die Bilder mit Fragmenten spanischer Werbeplakate. Ich habe den Eindruck, der Einbau von Collage-Elementen in die Bilder hat dich gezwungen, dich wieder mit einer figurativen und gegenständlichen Bildsprache zu beschäftigen, diesmal im Kontext der Abstraktion.[20]

AO: Es gibt keine Beziehung zwischen den Collagen und den Gemälden, außer dass ich in beiden Fällen Klebstoff verwende. Deshalb werden die manchmal Collage-Bilder genannt. Aber das ist irreführend. Ich sehe sie als reine Gemälde. Die Fotomotive kommen aus der Werbung. Sie sollen da nichts als nervender Werbemist sein. Das versuche ich im Bild klarzumachen.[21]

JC: Du warst kürzlich in der Willem-de-Kooning-Retrospektive im MoMA. Ich finde es wunderbar, wie er manchmal Zeitschriftenfitzelchen in Gemälde einbaut – zum Beispiel einen Mund in *Woman* von 1950. Als ich das Bild zum ersten Mal sah, habe ich es zunächst gar nicht wahrgenommen, dann traf es mich wie ein Elektroschock.[22]

AO: Ja, das ist toll. Es gibt viele Gründe, etwas Gefundenes in ein Bild zu kleben. Dieses Werbelächeln hätte er nur als eine Art Karikatur malen können, wie er das in den Woman-Bildern getan hat, aber hier, als Zitat, funktioniert es genauso. Natürlich sollte ein Maler nichts in ein Bild kleben, besonders nicht für einen ästhetischen Effekt. Wenn er es tut, sollte er einen guten Grund haben. Zum Beispiel, dass er unfähig oder zu faul ist, es zu malen. Ich mag diesen Ansatz und hab in einer Serie von 2005 versucht, das zu zeigen.[23]

JC: Cecil Taylor hat mir mal gesagt, er habe das Gefühl, seit Jahren dasselbe Musikstück zu spielen, in all den Konzerten und Einspielungen fortwährend am selben Song zu arbeiten. Ich glaube, er will damit sagen, dass das einzelne Werk Teil einer einzigen, großen Idee ist, einer bestimmten Sache, die er näherungsweise zu bestimmen versucht, nicht unterschiedliche, eigenständige Teile. Siehst du das ähnlich?[24]

AO: Ich denke, das stimmt. Gott sei Dank singen nicht alle Künstler denselben Song. Aber was macht man, wenn man rauskriegt, was für ein Lied das ist?[25]

JC: John Cage hat in seinen Stücken bewusst Dinge verwendet, die er nicht mochte – Radio oder Chopin – als Form der Auseinandersetzung mit ihnen. Hast du diese Strategie auch schon eingesetzt?[26]
AO: Ich habe kein Problem mit Sachen, die ich nicht mag. Es ist eher gedacht als Gegenprobe zu der Behauptung, dass das Kunstwerk als kompliziertes Gebilde am Ende alles unter Kontrolle kriegen kann. Der Triumph ist größer, wenn ausgesuchte Scheußlichkeiten das Ausgangsmaterial sind, als wenn ich mit Blattgold und Wittgenstein-Zitaten arbeite, während da das Scheitern peinlicher wäre.[27]
JC: Ich habe einmal eine wunderbare Charakterisierung des niederländischen Pianisten Misha Mengelberg gehört: Er streue überall Sand ins Getriebe. Wie stehst du zum Nonkonformismus?[28]
AO: Damit meint er nicht unbedingt Nonkonformismus. Das kann auch ein künstlerisches Verfahren sein.[29]
JC: Ist die Vorstellung einer nationalen Identität bei Malern – amerikanische Maler, deutsche Maler, die Belgier – heute noch sinnvoll?[30]
AO: Vielleicht. Ich denke nicht viel darüber nach. Ich versuche gewiss nicht, ein deutscher Maler zu sein. Vielleicht, weil ich einer bin. Rainald Goetz sagte mal zu mir, jeder deutsche Künstler muss sich einmal mit der jüngsten deutschen Geschichte beschäftigen. Aber dann soll er endgültig die Finger davon lassen.[31]

1 Leyton Buzzards, »I Don't Want to Go to Art School« (1979, Chrysalis 7-inch, B-Seite)
2 Portsmouth Sinfonia, »Leader of the Pack« (1979, Philips)
3 The Art Ensemble of Chicago, *Certain Blacks* (1970, America)
4 Bo Diddley, »Ride the Water« (1976, RCA)
5 Captain Beefheart, »Sam with the Showing Scalp Flat Top« (1975, von Frank Zappa, *Bongo Fury*, DiscReet)
6 The Residents, »Six Things to a Cycle« (1977, Ralph Records)
7 Motörhead, »Motörhead« (1977, Chiswick)
8 Chet Baker, »Polka Dots and Moonbeams« (1958, Riverside)
9 The Richochets, »Yomping« (1982, Nervous)
10 Horatiu Radulescu, »Inner Time« (für sieben Klarinetten, 1993, Montaigne)
11 Cannibal Corpse, »Hammer Smashed Face« (1993, Metal Blade)
12 Refused, »Worms of the Senses« (1988, Burning Heart)
13 Van Hunt, »Plum« (2011, Godless Hotspot)
14 Peter Brötzmann / Fred Lonberg-Holm, *The Brain of the Dog in Section* (2008, Atavistic)
15 La Monte Young, »Dream House 78' 17"« (1974, Shandar)
16 Vicki Anderson, »Super Good (Answer to Super Bad)« (1970, Polydor, 7-inch)
17 Wolfgang Dauner Quintet, »A Day in the Life« (1969, MPS)
18 Slim Gaillard, »Laughing in Rhythm« (1951, Mercury, 7-inch)
19 Johann Sebastian Bach, *Kunst der Fuge* (komponiert um 1745)
20 John Oswald, »Dab« (1989, selbst herausgebrachte EP)
21 Charles Ives, *Central Park in the Dark* (komponiert 1906)
22 News from the Shed, »Crooke's Dark Space« (1989, Acta; Emanem, 2006)
23 Scooter, »The Logical Song« (2001, Addiction)

[24] Cecil Taylor, *Conquistador* (1966, Blue Note)

[25] Digital Underground, »Same Song« (1991, Tommy Boy)

[26] John Cage / Kenneth Patchen, »The City Wears a Slouch Hat« (1942, Hörspiel, WBBM Radio, Chicago)

[27] Albert Ayler, *Bells* (1965, ESP)

[28] ICP Orchestra, »Houseparty Starting« (1986, ICP Records)

[29] Eugene Chadbourne, »Rake Quartet II« (1990, Fundamental)

[30] Miles Davis, *Pangaea* (1975, Columbia)

[31] The Ramones, »Blitzkrieg Bop« (1976, Sire)

Ohne Titel / Untitled, 2009

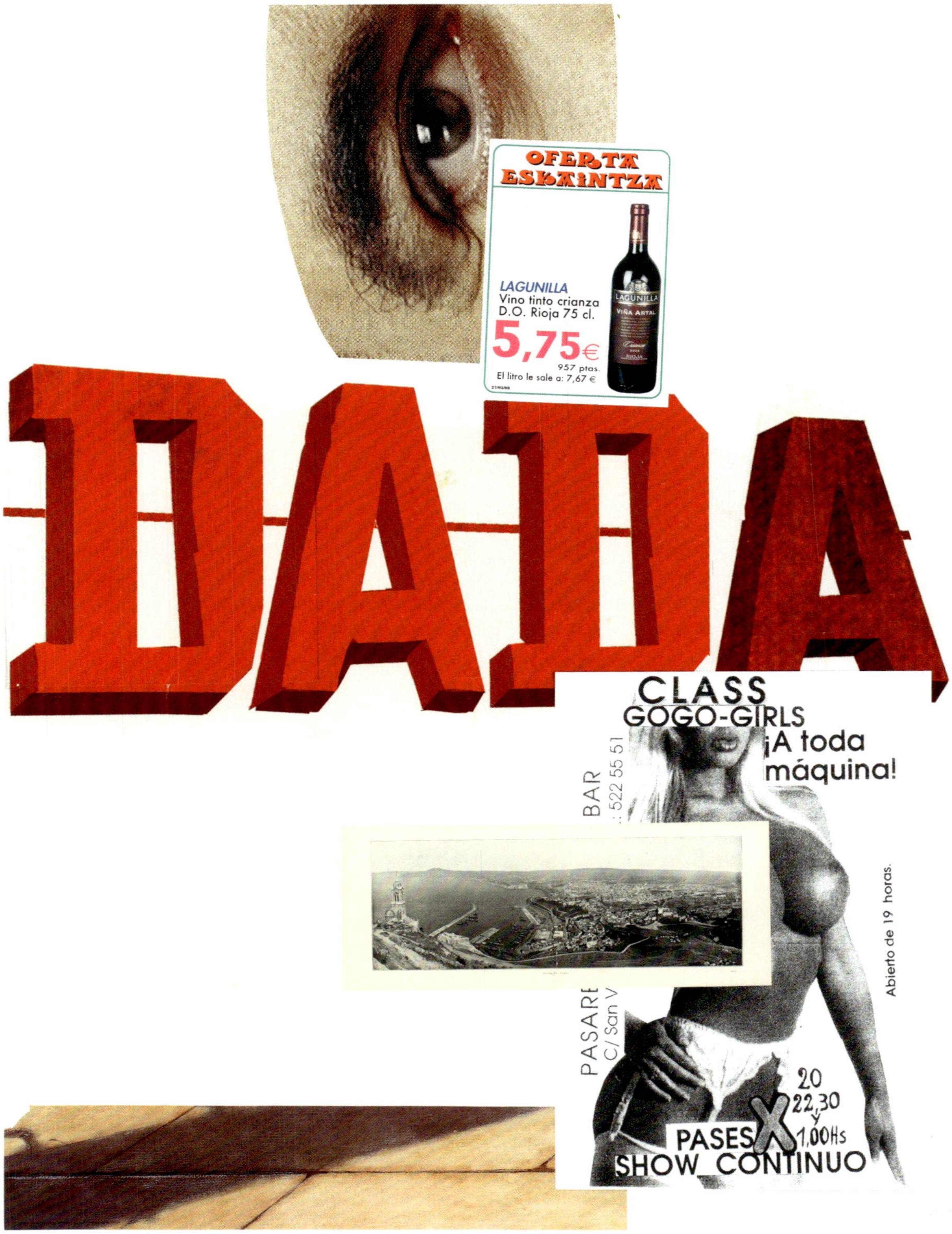

Ohne Titel / Untitled, 2009

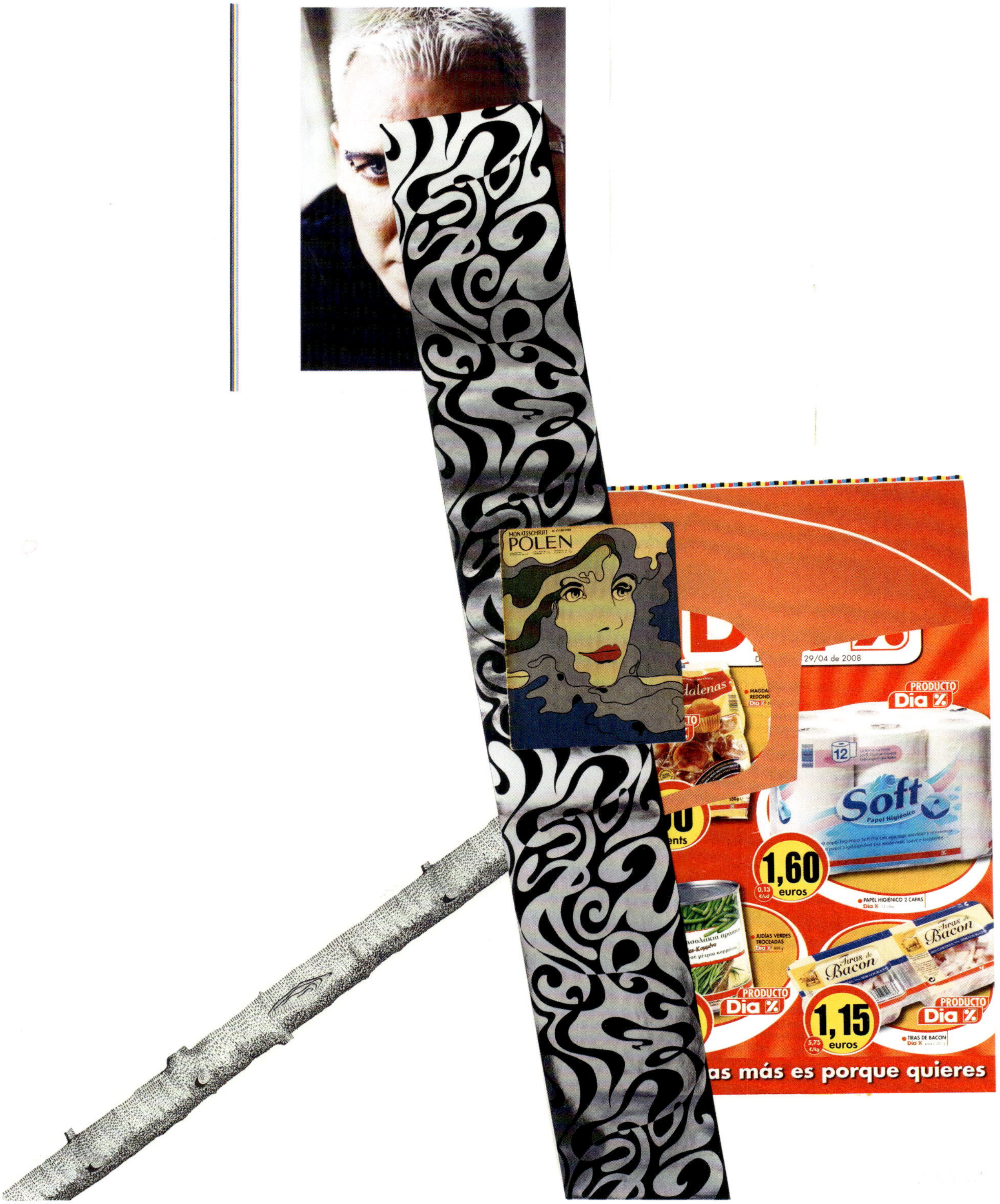

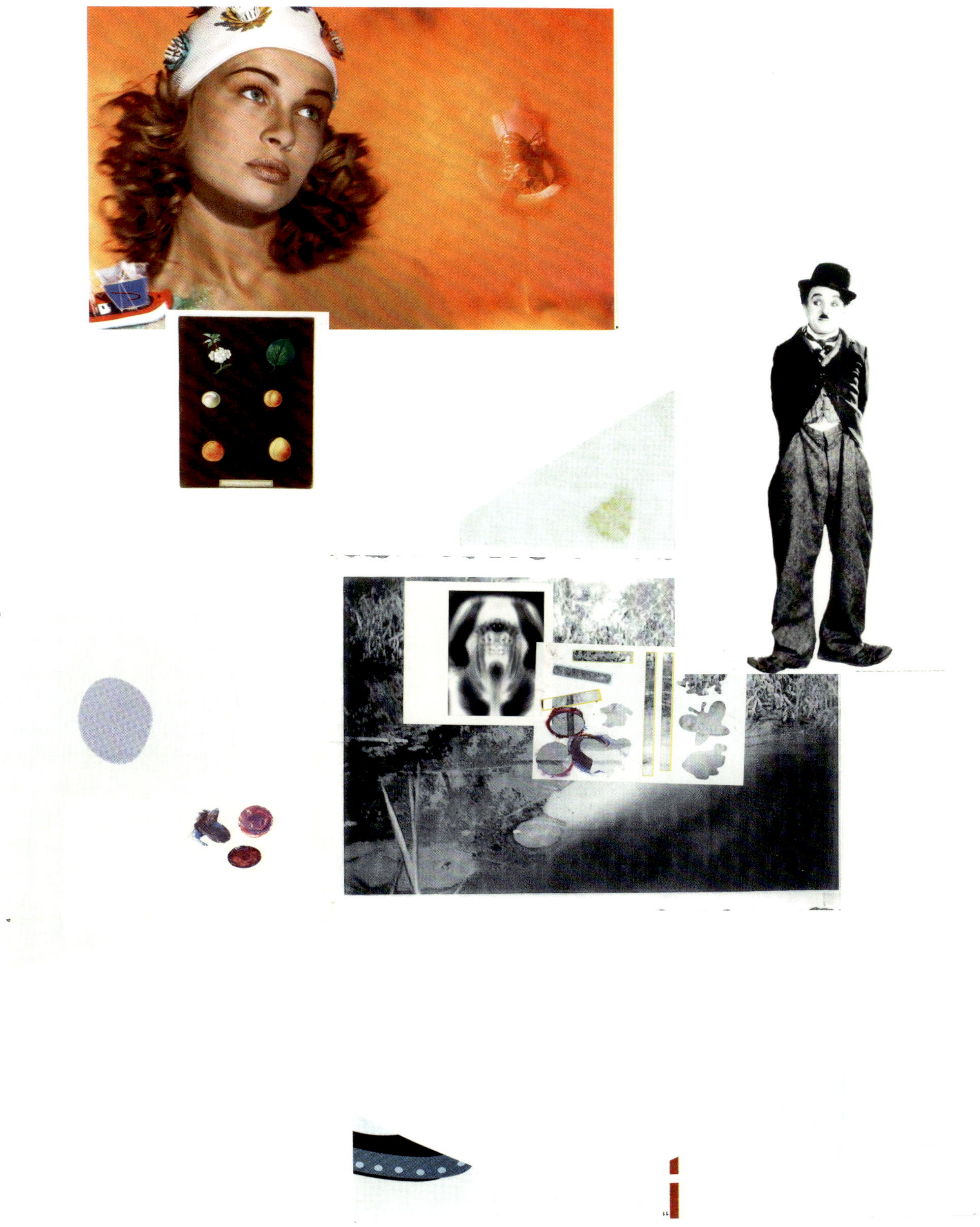

Ohne Titel / Untitled, 2009

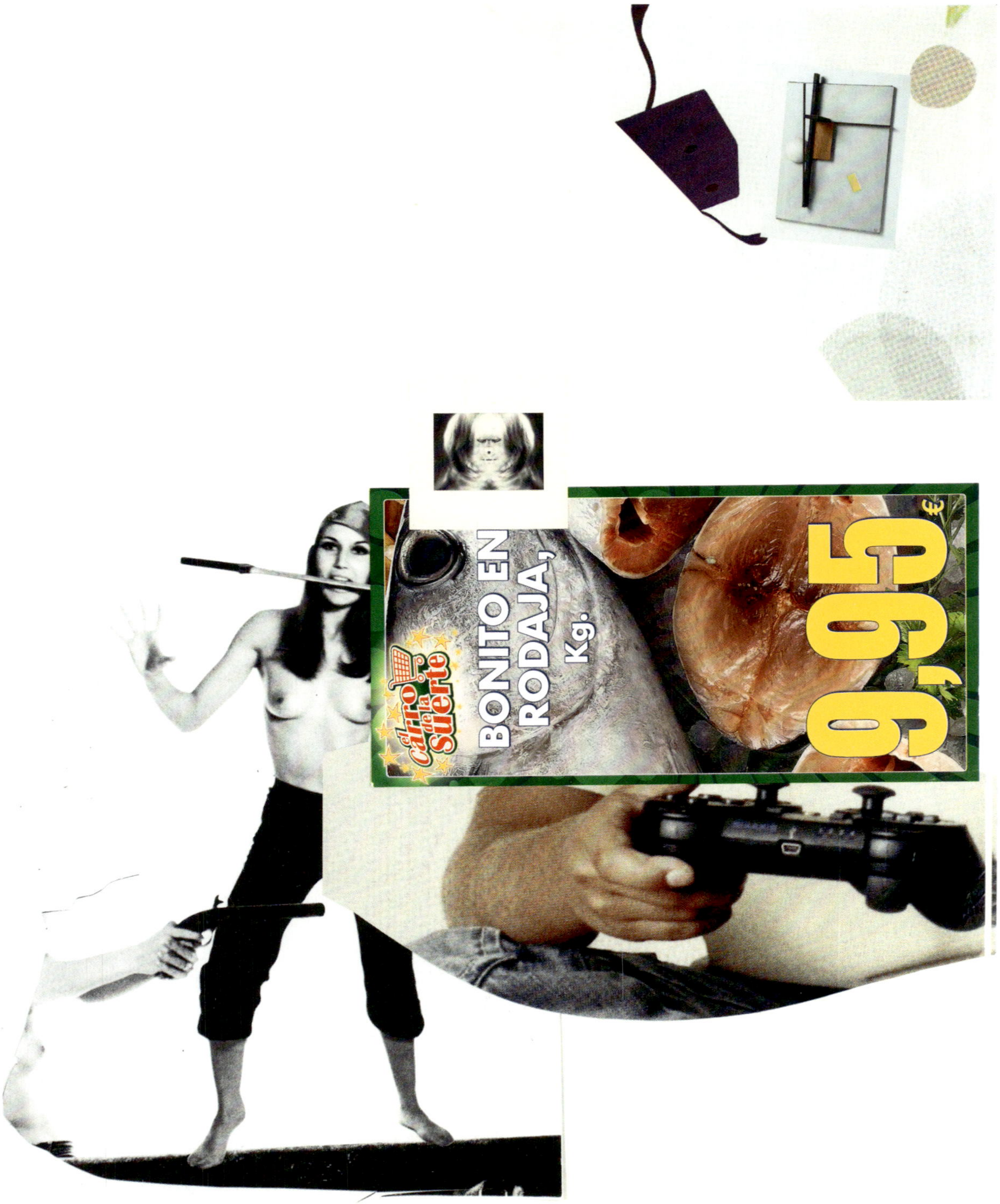

Ohne Titel / Untitled, 2009

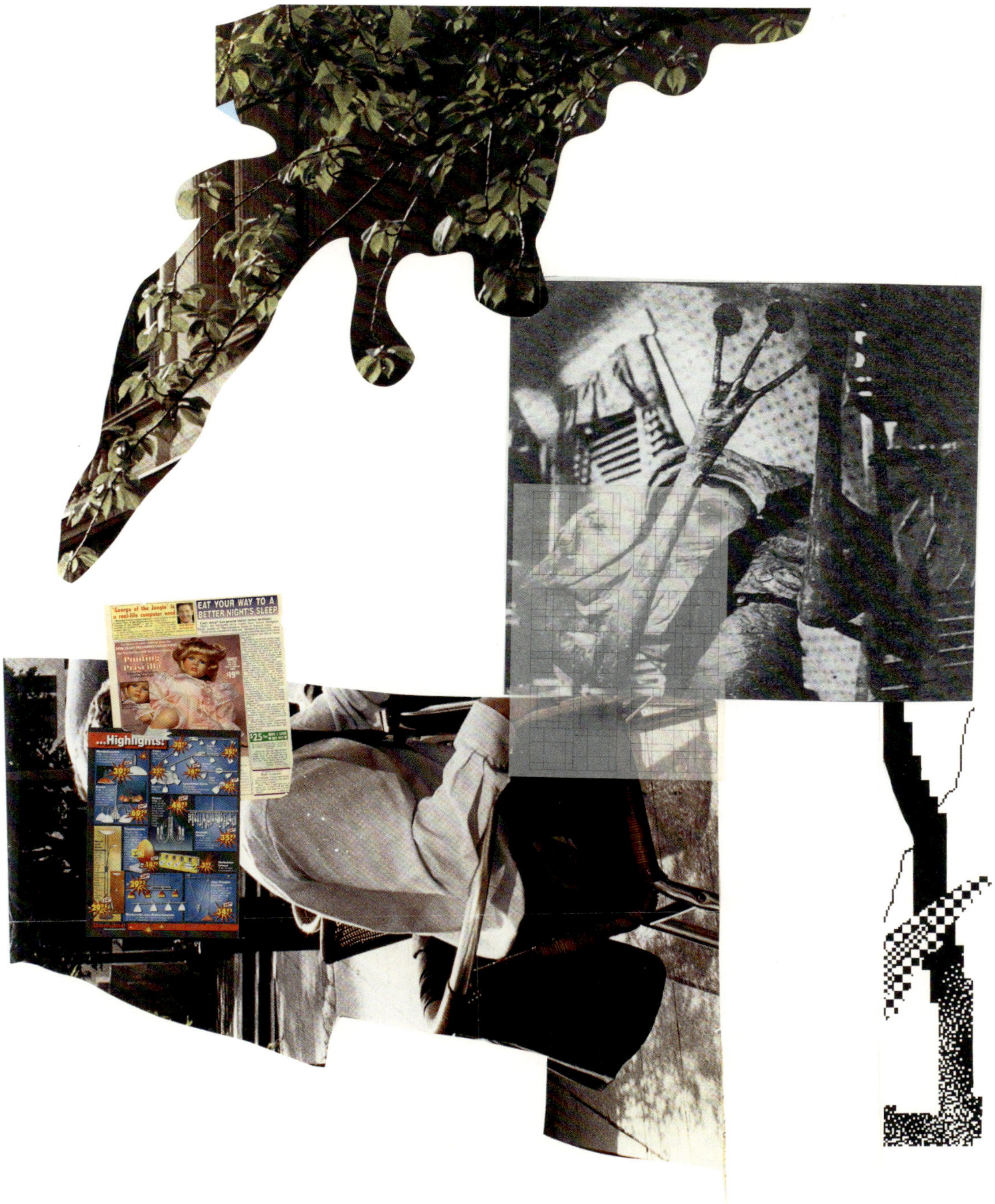

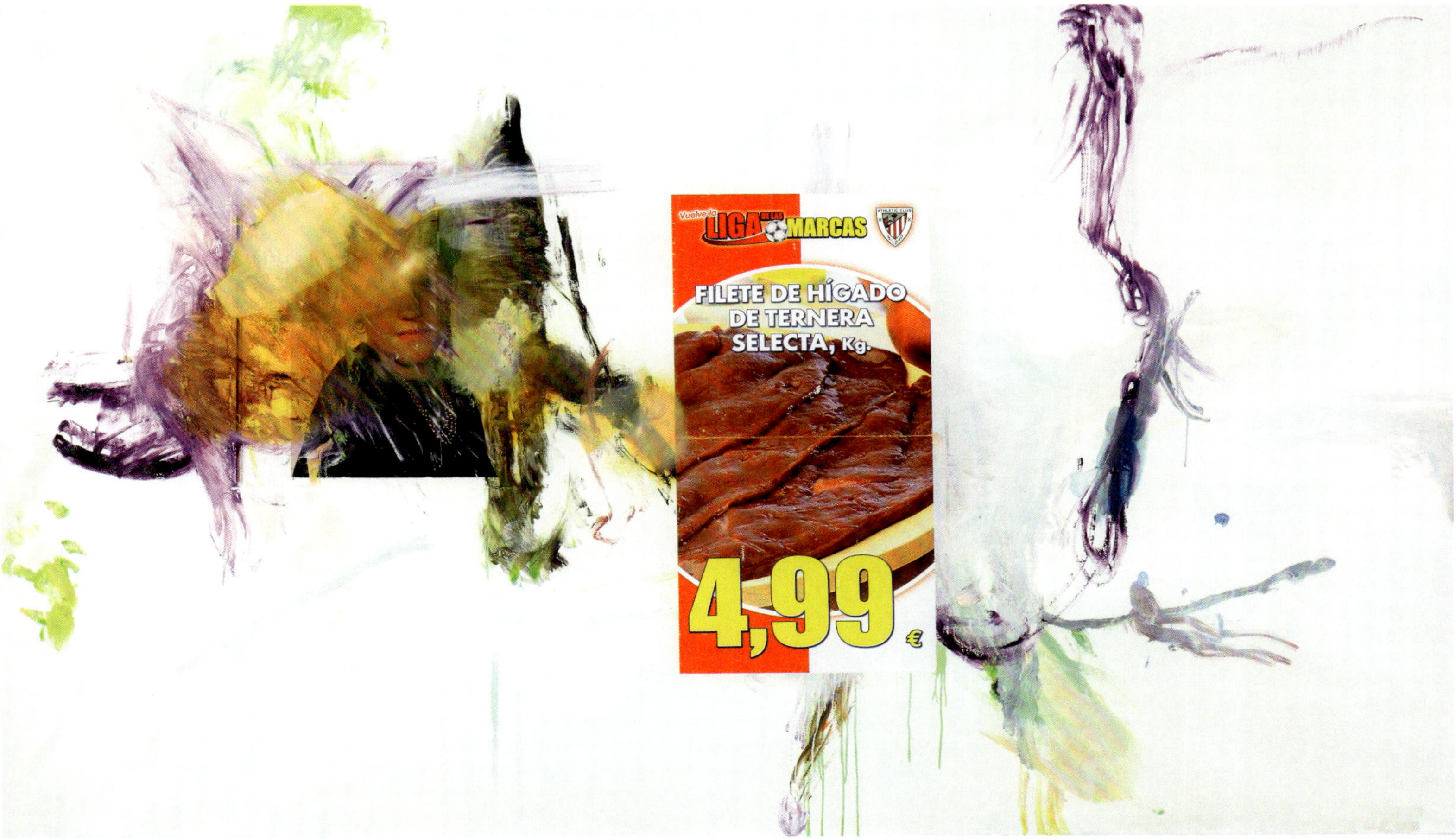
Vuelve la
LIGA DE LAS MARCAS
FILETE DE HÍGADO
DE TERNERA
SELECTA, Kg.
4,99
€

FM 27, 2008

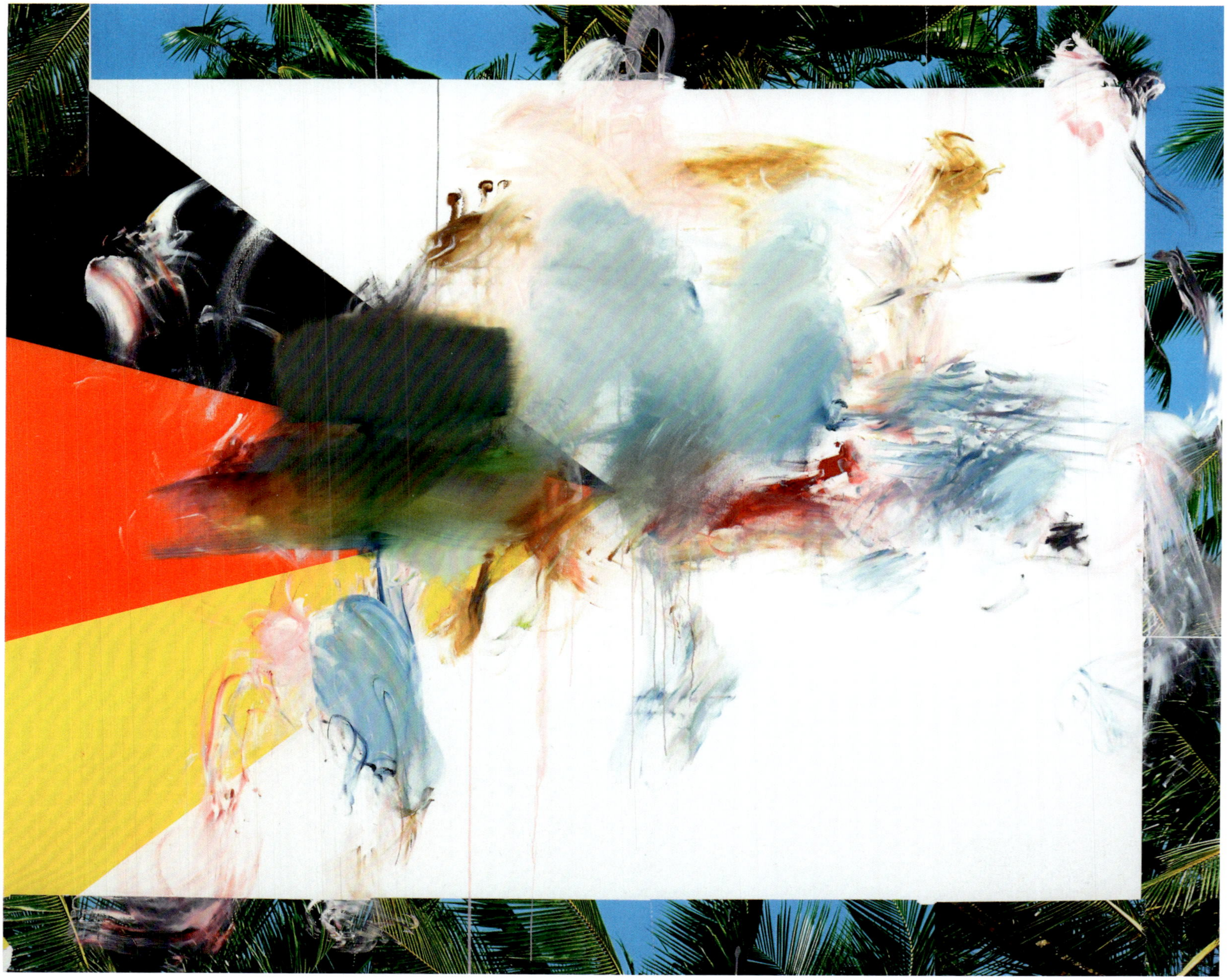

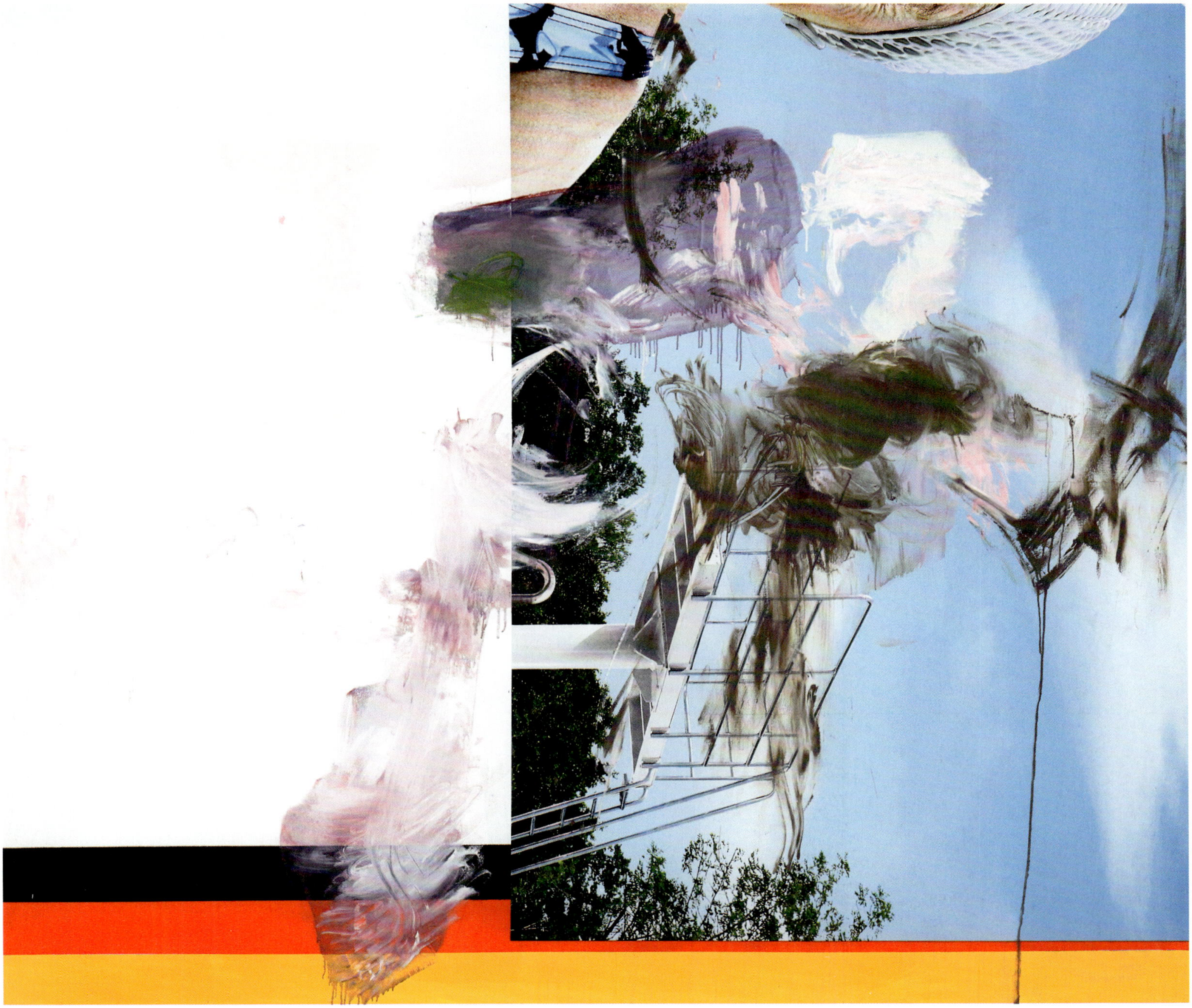

Raucher, 1999

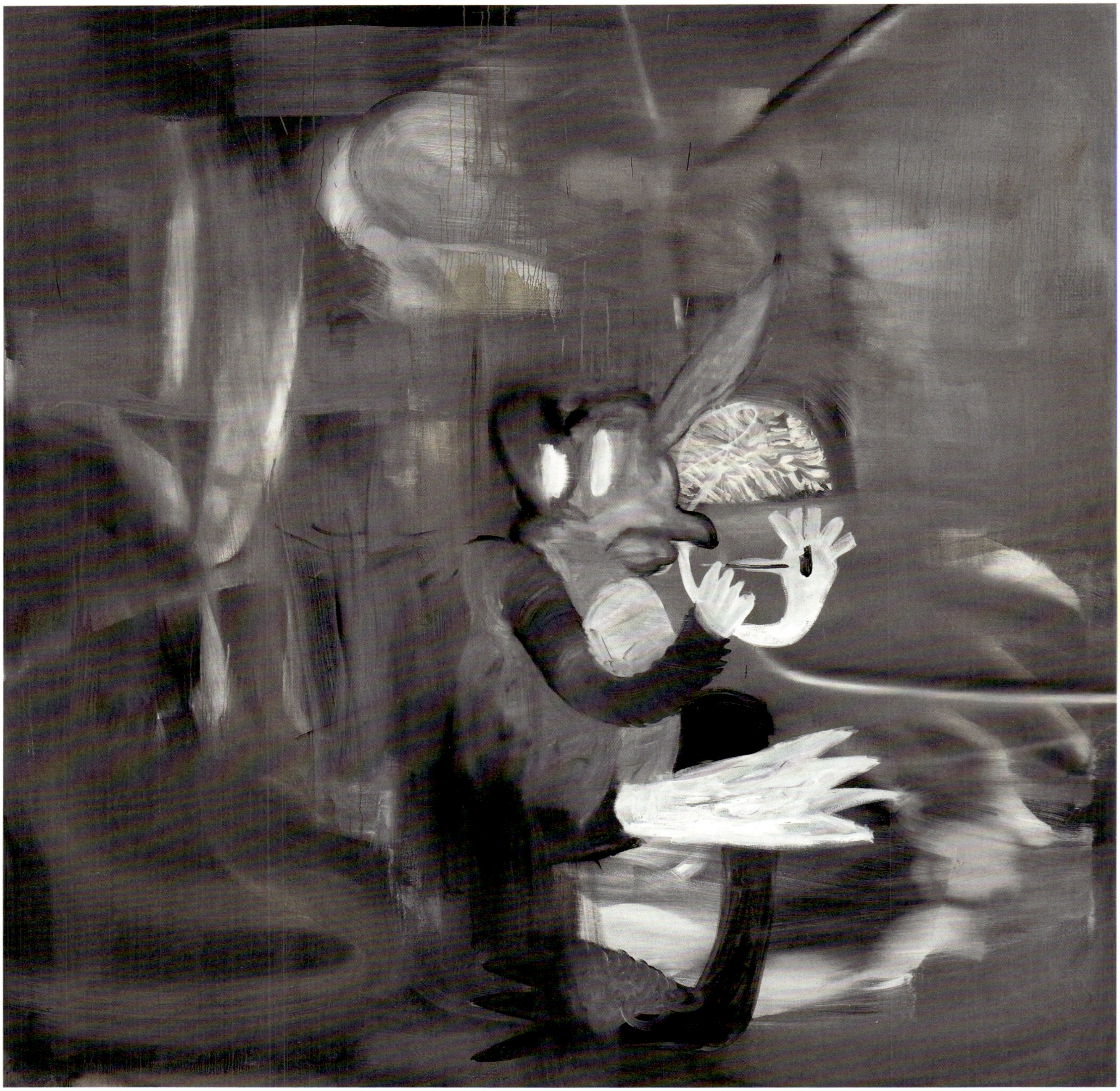

John Corbett & Albert Oehlen

Mangy: A Conversation and a Playlist

John Corbett: Let's talk about punk. I've heard you described as a punk painter and have read people saying that punk was a big influence on you, but this has never seemed accurate to me. It's either a misunderstanding of punk or of you. Or both. My way of understanding punk, in its original form, was in two ways: either representing a kind of idealization of amateurism—the kind of never-played-their-instruments-before idea—or, on the other hand, an embrace of something like total nihilism. Those two notions don't seem very close to the heart of your art to me.[1]

Albert Oehlen: Idealization of amateurism translated into art would not have interested me. The democratic aspect of it is nice, but that exists already. Everyone is allowed to paint. It only gets dangerous when it hangs in museums, but as they don't want to show garbage indefinitely, more thought should be involved. Besides that, one expects a certain freshness from the amateurs. Whatever. It's interesting to me when Sven-Åke Johansson improvising falls into poetry and does things where you don't know anymore if he, as a Swede, is insecure in the German language or if he just improvises the grammar as well. Nihilism doesn't speak to me much, either.[2]

JC: I guess the broader notion that punk has for people is simply "bad attitude." And you have certainly engaged with that from time to time in your artwork. Maybe even just in terms of anti-authoritarianism. Anyway, that seems like something intrinsic to being a real artist, the dislike of having someone tell you what to do.[3]

AO: The "bad attitude" aspect of punk was interesting, as we didn't know what would come out of it. In addition to aggression, spontaneity, and so on. But I didn't have much to do with it. Provocation interested me more in theory. The typical provocations were easy to find: insults, evil symbols, sex, and disgusting stuff. I wouldn't ever think about that. Then, rather by chance, I was confronted by how critics in particular get angry when they feel treated with contempt or ignored. Sometimes even just by the absence of the aforementioned provocations. An attitude like, "I do not care about color or composition or the like," produces extreme rejection, unless it comes from Conceptual Art. I was able to work with that.[4]

JC: I've been thinking about your work in relationship to Frank Zappa, who I know was a favorite of yours. He's a much better parallel, for me—he's got humor, intelligence, belligerence, danger, stupidity, elegance, excess, virtuosity, amateurism. And if you think of the original 1950s meaning of the word, he's a total punk.[5]

AO: I loved Zappa and still like to listen to his LPs sometimes. But I got into his music when I was fourteen and there were a lot of misunderstandings and projections. When I started to listen to the lyrics much later, I was disappointed, but maybe I still don't get it. What I saw in him was extremely important to me and is still there. But, as I said, I do not know if this is true. Bringing together elements of jazz and politically ironic elements and bogus contemporary music seemed revolutionary, and probably is. The impulse to bring together incompatible things I got from him. Bizarre and extreme eclecticism corresponded exactly to my idea of a contemporary avant-garde art at that time. I have no idea who has delivered something like that in the world of art. It's not Roman Opalka.[6]

JC: Do I remember right, did you see Zappa with Polke?

AO: No, with Polke I saw Motörhead, when they had the song "Motörhead," but before *Ace of Spades*.[7]

JC: Prime time for Lemmy. That must have been incredible. I wonder what Polke made of Motörhead.[8]

AO: Polke knew Lemmy from Hawkwind. He recognized a girl in the audience who was a dancer with them.[9]

JC: You've exposed me to some pretty incredible metal, which is a genre I haven't really explored too much. I'm thinking in particular of Krisiun, which is just ridiculous. I tend to experience metal in terms of intensity, but I recall having a conversation with you in which you said you thought that intensity was not a very interesting parameter or characteristic in music or in painting. If that's true, what do you listen for in metal?[10]

AO: Krisiun play really fast. Stupid melodies, but their first CD is quite mangy. Intensity is in fact not what I am looking for. When I paint I am emotionless. Maybe I'll create something intense, but it's not by doing something intense or being intense. I am not a specialist in metal. Some of the speed metal that I like has a tranquilizing effect on me. Listen to Cannibal Corpse and concentrate on the patterns they play, and it will put you in a nice trance. I'd like to achieve that in my paintings, but it's not under my control.[11]

JC: Mangy. I like it. Like a sick dog. Funny, your description makes metal sound like it functions the way Minimalism is supposed to, and in a certain respect I think it does the job better because it is surreptitious, it sneaks up on its victim. You don't expect to be tranquilized by metal; it's supposed to stimulate you. But the patterns and the speed have a cumulative effect that's disorienting and mesmerizing. Maybe it's because the double kick drum moves faster than the heart and confuses the listener's body.[12]

AO: Speed metal seems to be about aggression, and talks you into gnawing on your own intestines. It is loud and has guitars and grunts. But what really happens is patterns and variations that, if you concentrate on them, make you dozy and peaceful. On the other hand, music or artworks that *try* to calm me will only achieve the opposite.[13]

JC: Do you look at Op Art at all? Your work seems antithetical, in a way, to those premises. I think about one collage element in a painting of yours I saw in the Paris show a few years ago that had a sort of optical effect. I love the way you neutralized it, took its hypnotic, psychedelic power away.[14]

AO: Op Art is, besides Color Field Painting, the only painting that has a physical effect on the viewer without involving the psyche. That is bad. I like to quote that in my paintings. I've never thought about it, but now, as you mention it, it seems to me that I am an Op artist.[15]

JC: So you say Op Art is bad, but you're an Op artist?[16]

AO: That was a joke. But some of my paintings can make you dizzy, too.[17]

JC: That's true, but they make you dizzy by way of the psyche, not by avoiding it. Speaking of kidding, I was thinking about humor. It can be a tricky thing, don't you think? In some artists' hands, humor can make something trivial or it can make it ephemeral. A joke can run out of steam pretty quickly; the wrong kind of humor has a limited shelf life. On the other hand, humor is essential. If you

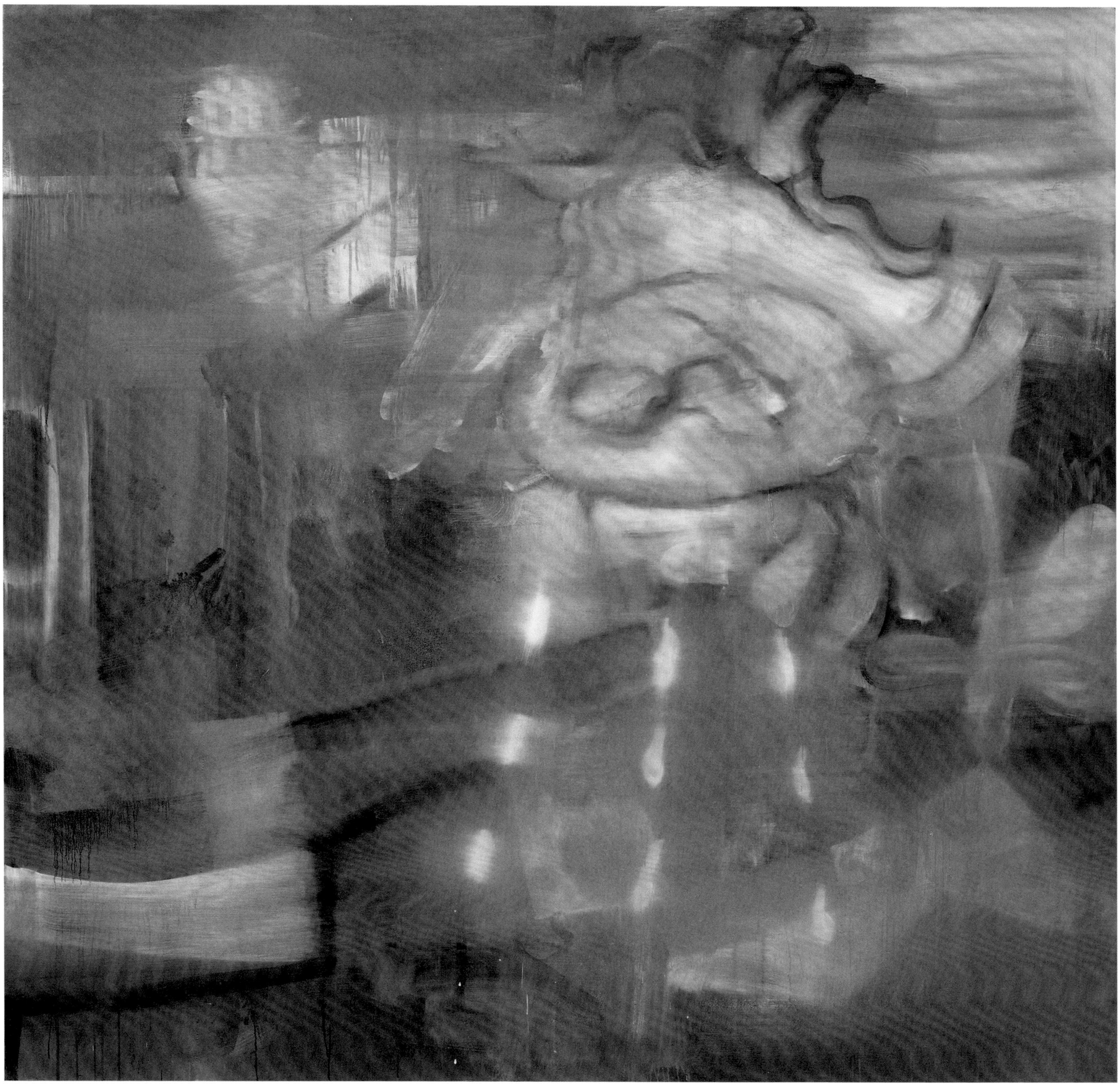

Materienabfall, 1999

don't have a sense of humor, you risk becoming pompous, self-serious, rigid, anemic. Mikhail Bakhtin suggested that laughter is basically subversive, that it undermines authority. Humor, to me at least, helps put some doubt into the mix.[18]

AO: You said it. Humor is a human quality and it's better if you have a bit of it. Perhaps it's also better not to think about it. There are unlimited kinds of humor, and sometimes something is considered humorous but we don't know if it is meant to be funny. In every good artwork there is a problem, and the solution comes as a surprise. That is how humor works. When a really great artwork hits you on the head, it will worm a laugh out of you.[19]

JC: How do you see the relationship between your collages and the paintings? Of course they've merged in recent years, so that some of the collage ideas came into the paintings–I'm thinking about the pieces with Spanish billboard fragments in them. I have the sense that bringing the collage elements into the pictures forced you to deal with figurative and representational imagery again, this time in the context of abstraction.[20]

[illegible] the collages and the paintings, except that I use glue in both

b/w, 2008

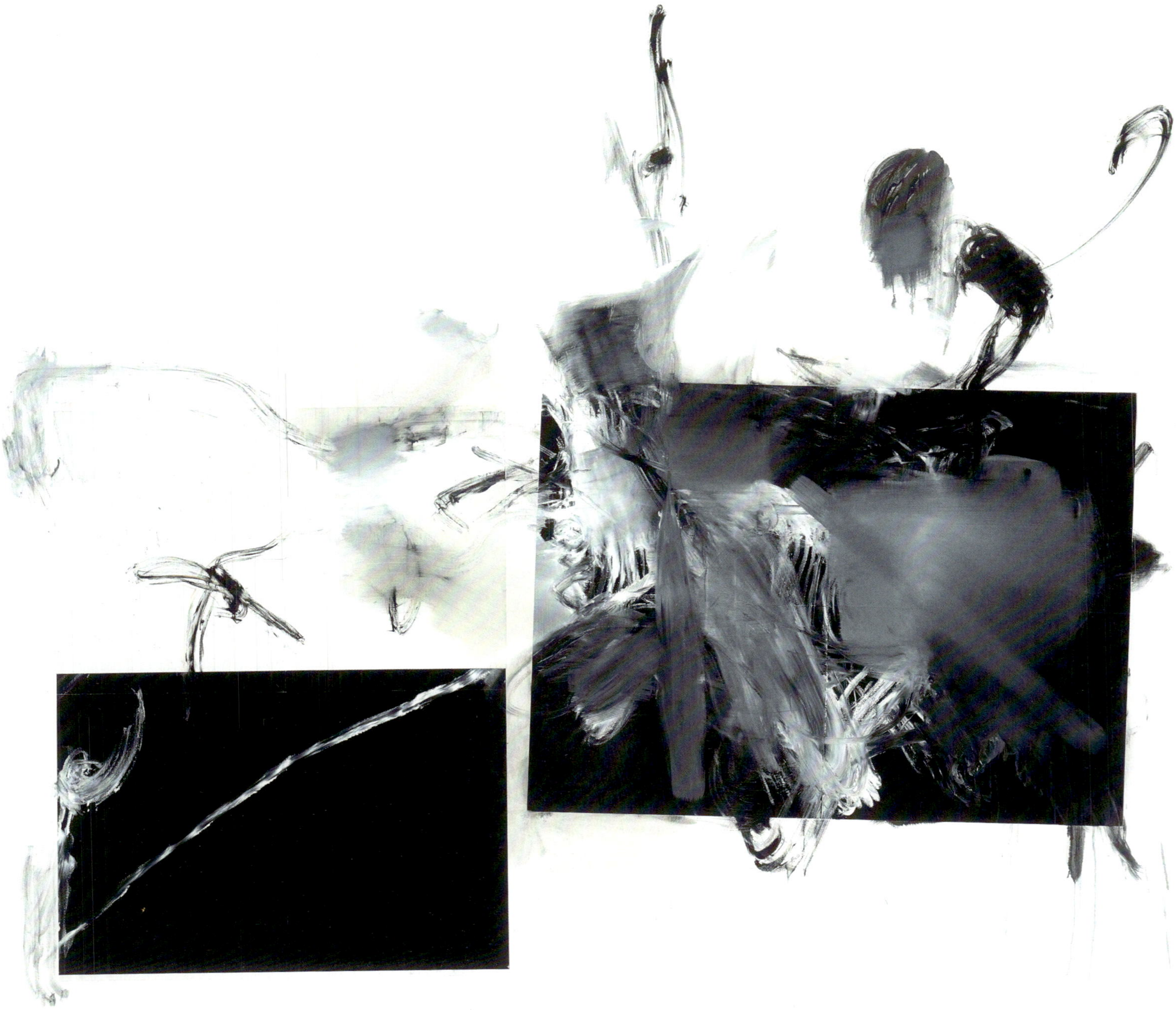

Ohne Titel / Untitled, 1989

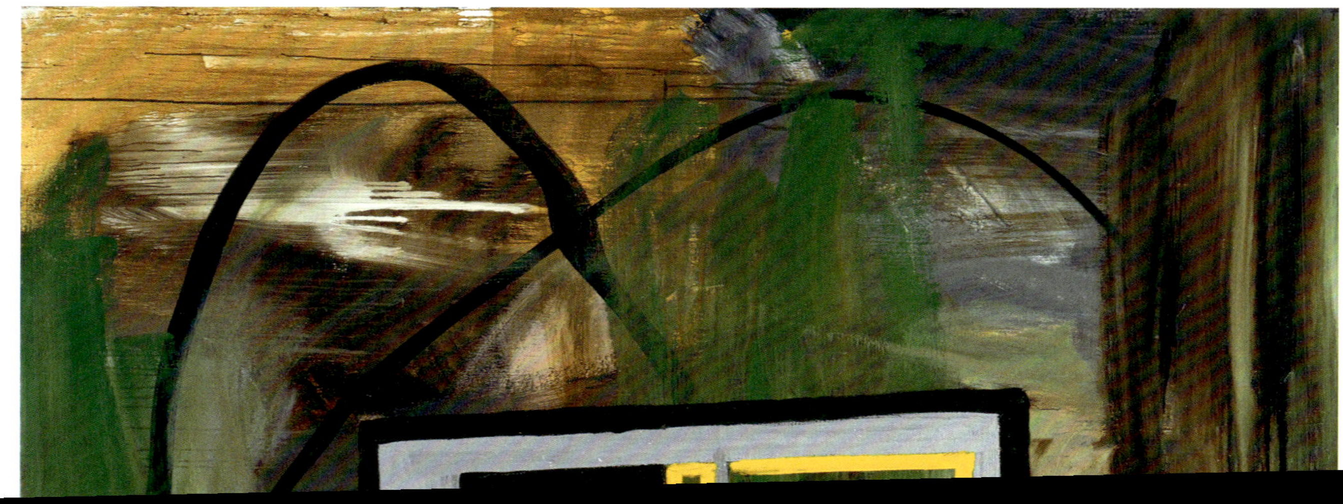

don't have a sense of humor, you risk becoming pompous, self-serious, rigid, anemic. Mikhail Bakhtin suggested that laughter is basically subversive, that it undermines authority. Humor, to me at least, helps put some doubt into the mix.[18]

AO: You said it. Humor is a human quality and it's better if you have a bit of it. Perhaps it's also better not to think about it. There are unlimited kinds of humor, and sometimes something is considered humorous but we don't know if it is meant to be funny. In every good artwork there is a problem, and the solution comes as a surprise. That is how humor works. When a really great artwork hits you on the head, it will worm a laugh out of you.[19]

JC: How do you see the relationship between your collages and the paintings? Of course they've merged in recent years, so that some of the collage ideas came into the paintings—I'm thinking about the pieces with Spanish billboard fragments in them. I have the sense that bringing the collage elements into the pictures forced you to deal with figurative and representational imagery again, this time in the context of abstraction.[20]

AO: There is no relationship between the collages and the paintings, except that I use glue in both cases. That's why the paintings sometimes get called collage paintings. But that is irritating. I see them as pure paintings. The photo images are part of advertising stuff. I try to ignore what they represent. They are only there to be annoying advertising shit. I try to make that clear in my painting.[21]

JC: You recently visited the Willem de Kooning retrospective at MoMA. I like the way he sometimes integrated tiny magazine fragments into paintings—a mouth, for instance, in *Woman,* from 1950. The first time I saw that painting, I didn't notice it for awhile, and when I did, it hit me like an electric shock.[22]

AO: Yes, that is great. There could be many reasons for putting something found in a painting. That advertisement smile could only be painted in the manner of a caricature, as he did in the other woman paintings, but here, as a quote, it works the same way. Naturally a painter should not glue anything to a painting, especially not for an aesthetic effect. If he does, he'd better have a good reason, like being incapable or too lazy to paint it. I like that point of view and tried to show it in a group of paintings in 2005 that I exhibited in the Secession in Vienna.[23]

JC: Cecil Taylor once told me that he felt he'd been playing the same piece of music for many years, that in different concerts and recordings he was continuing to work on the same song. I see his comment as suggesting the notion that the work is all part of one big idea, one particular thing that he's extrapolating on rather than different, discrete parts. Do you feel any resonance with that?[24]

AO: I think that's true. Thank God not all artists sing the same song. But what does one do when one finds out which song it is?[25]

JC: John Cage made a point of using things he disliked in his work—like radio or Chopin—as a way of dealing with them. Is that a strategy you've used?[26]

AO: I don't have a problem with things I dislike. It is rather meant to be a cross-check to the argument that the artwork as a complicated entity has everything under control at the end. The triumph is greater when selected abominations form the base material than when I work with gold leaves and Wittgenstein quotes, because there failure would be more embarrassing.[27]

JC: I'm fond of a description that I once heard of Dutch pianist Misha Mengelberg, that he put sticks in all spokes. How do you relate to the idea of contrariarism?[28]

AO: He didn't necessarily mean nonconformism. This can also be an artistic process.[29]

Ohne Titel / Untitled, 1989

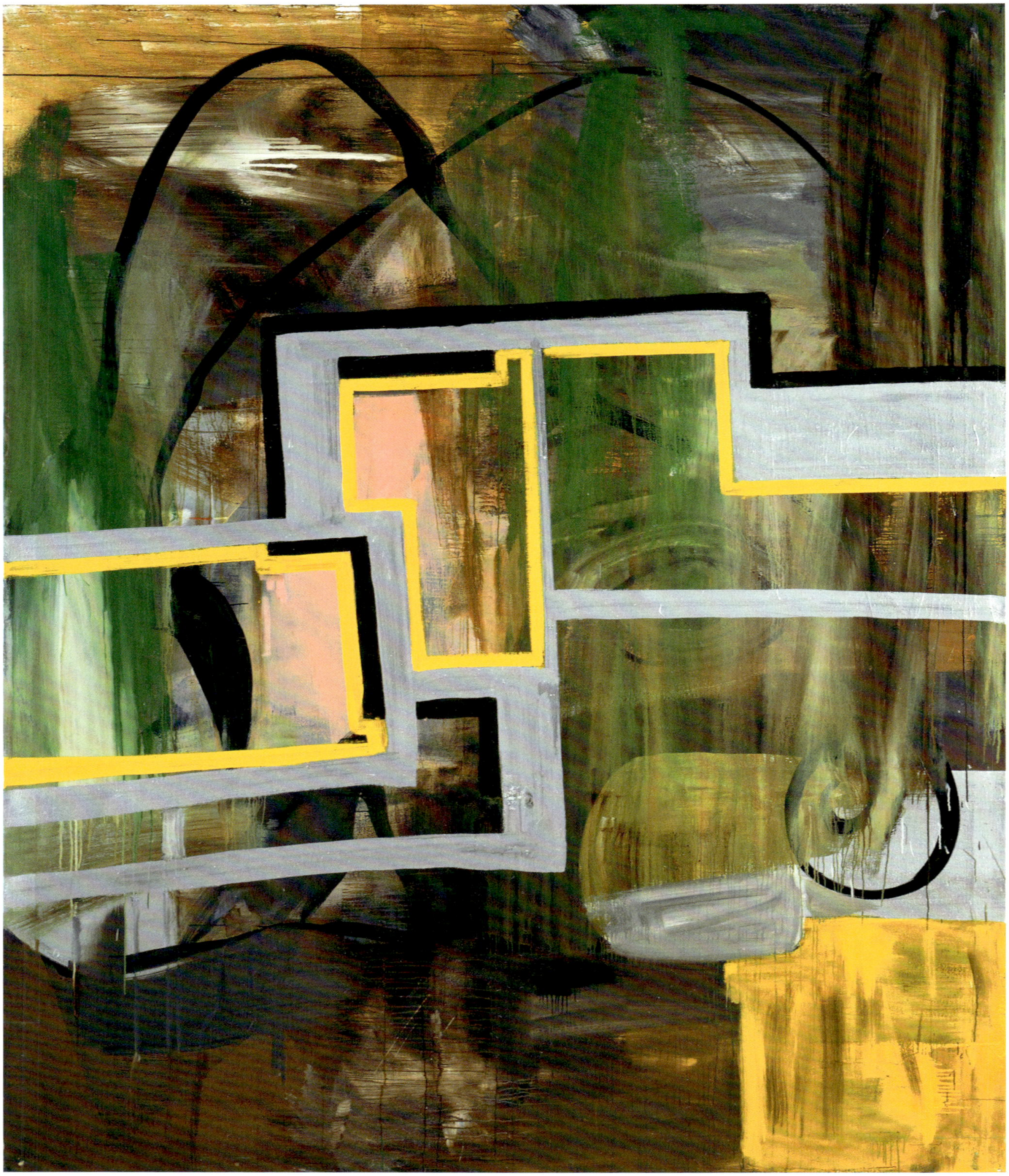

JC: Is the idea of a kind of national identity of painters–American painters, German painters, the Belgians–of any use these days?[30]

AO: Perhaps. I don't think much about it. Certainly I don't try to be a German painter. Maybe because I am one. Rainald Goetz once said to me that every German artist must at some point address recent German history. But then he should leave it alone for good.[31]

1 Leyton Buzzards, "I Don't Want to Go to Art School" (1979, Chrysalis 7-inch, B-side)
2 Portsmouth Sinfonia, "Leader of the Pack" (1979, Philips)
3 The Art Ensemble of Chicago, *Certain Blacks* (1970, America)
4 Bo Diddley, "Ride the Water" (1976, RCA)
5 Captain Beefheart, "Sam with the Showing Scalp Flat Top" (1975, from Frank Zappa, *Bongo Fury*, DiscReet)
6 The Residents, "Six Things to a Cycle" (1977, Ralph Records)
7 Motörhead, "Motörhead" (1977, Chiswick)
8 Chet Baker, "Polka Dots and Moonbeams" (1958, Riverside)
9 The Richochets, "Yomping" (1982, Nervous)
10 Horatiu Radulescu, "Inner Time" (for 7 B-flat clarinets, 1993, Montaigne)
11 Cannibal Corpse, "Hammer Smashed Face" (1993, Metal Blade)
12 Refused, "Worms of the Senses" (1988, Burning Heart)
13 Van Hunt, "Plum" (2011, Godless Hotspot)
14 Peter Brötzmann/Fred Lonberg-Holm, *The Brain of the Dog in Section* (2008, Atavistic)
15 La Monte Young, "Dream House 78' 17"" (1974, Shandar)
16 Vicki Anderson, "Super Good (Answer to Super Bad)" (1970, Polydor, 7-inch)
17 Wolfgang Dauner Quintet, "A Day in the Life" (1969, MPS)
18 Slim Gaillard, "Laughing in Rhythm" (1951, Mercury, 7-inch)
19 Johann Sebastian Bach, *Kunst der Fuge* (composed ca. 1745)
20 John Oswald, "Dab" (1989, self-released EP)
21 Charles Ives, *Central Park in the Dark* (composed 1906)
22 News from the Shed, "Crooke's Dark Space" (1989, Acta; reissued on Emanem, 2006)
23 Scooter, "The Logical Song" (2001, Addiction)
24 Cecil Taylor, *Conquistador* (1966, Blue Note)
25 Digital Underground, "Same Song" (1991, Tommy Boy)
26 John Cage/Kenneth Patchen, "The City Wears a Slouch Hat" (1942, radio play, WBBM Radio, Chicago)
27 Albert Ayler, *Bells* (1965, ESP)
28 ICP Orchestra, "Houseparty Starting" (1986, ICP Records)
29 Eugene Chadbourne, "Rake Quartet II" (1990, Fundamental)
30 Miles Davis, *Pangaea* (1975, Columbia)
31 The Ramones, "Blitzkrieg Bop" (1976, Sire)

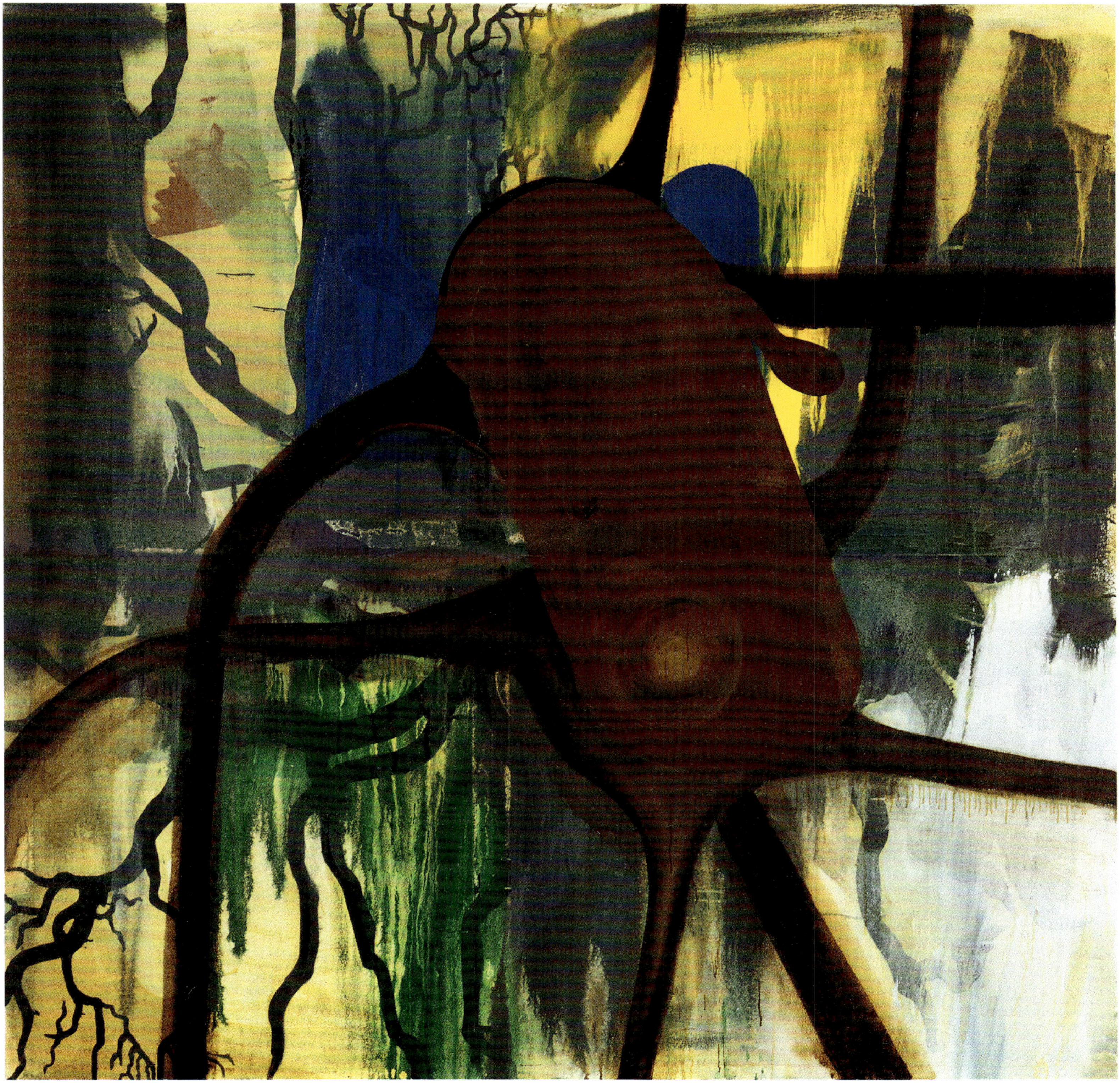

Ohne Titel / Untitled, 2011

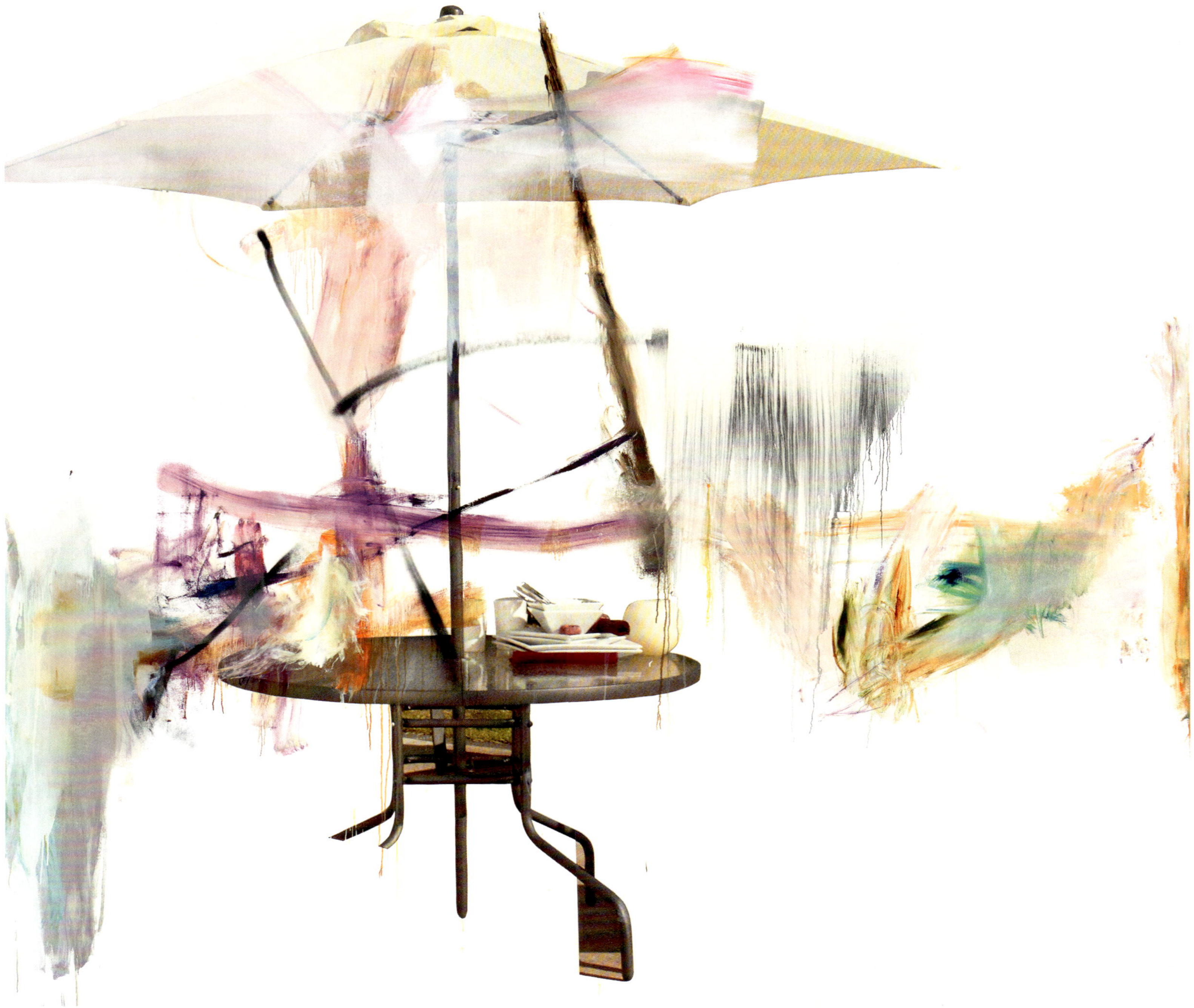

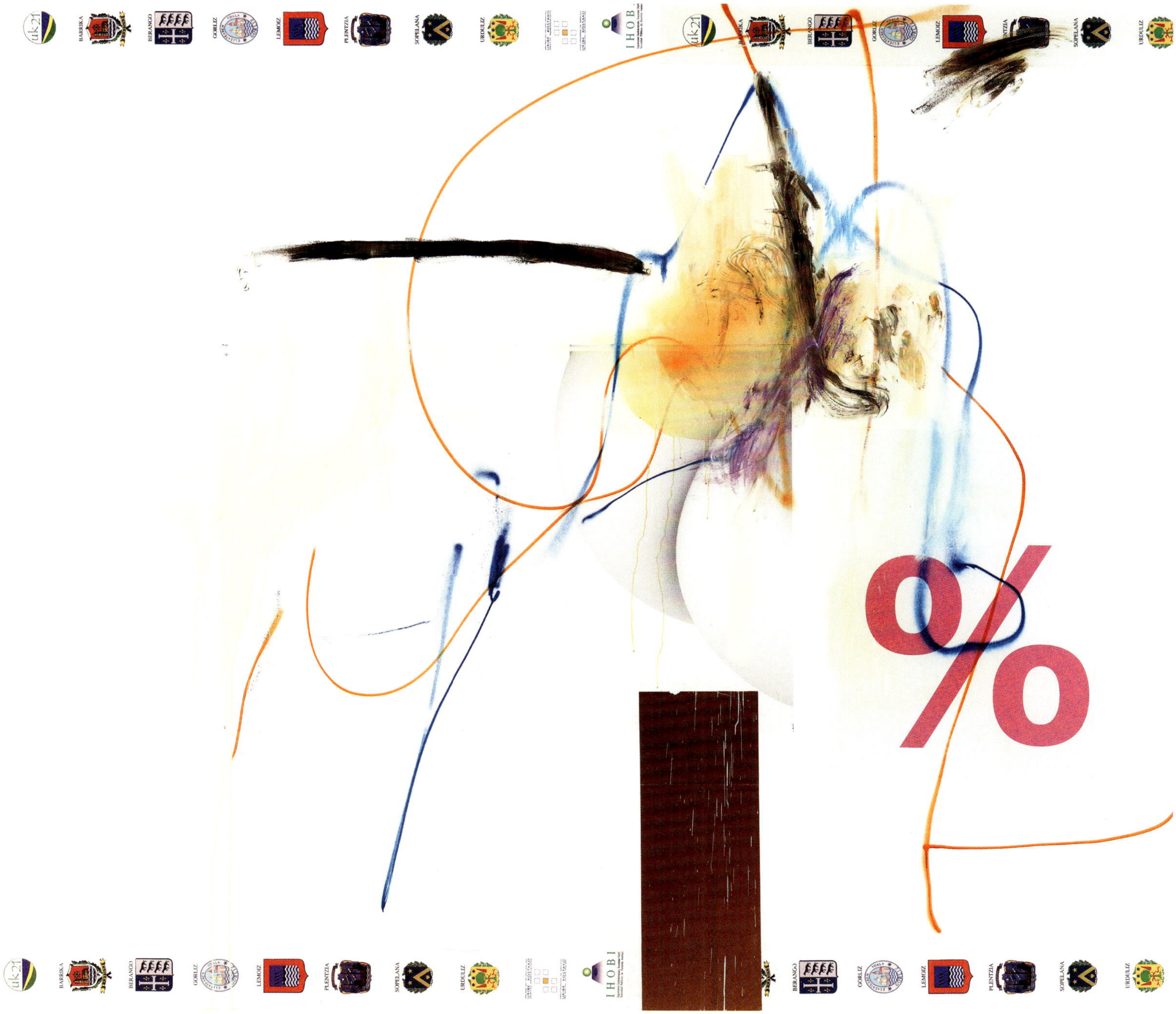
uk21
BARRIKA
BERANGO
GORLIZ
LEMOIZ
PLENTZIA
SOPELANA
URDULIZ
IHOBI
%

Das Ende von Zuhause, 1995

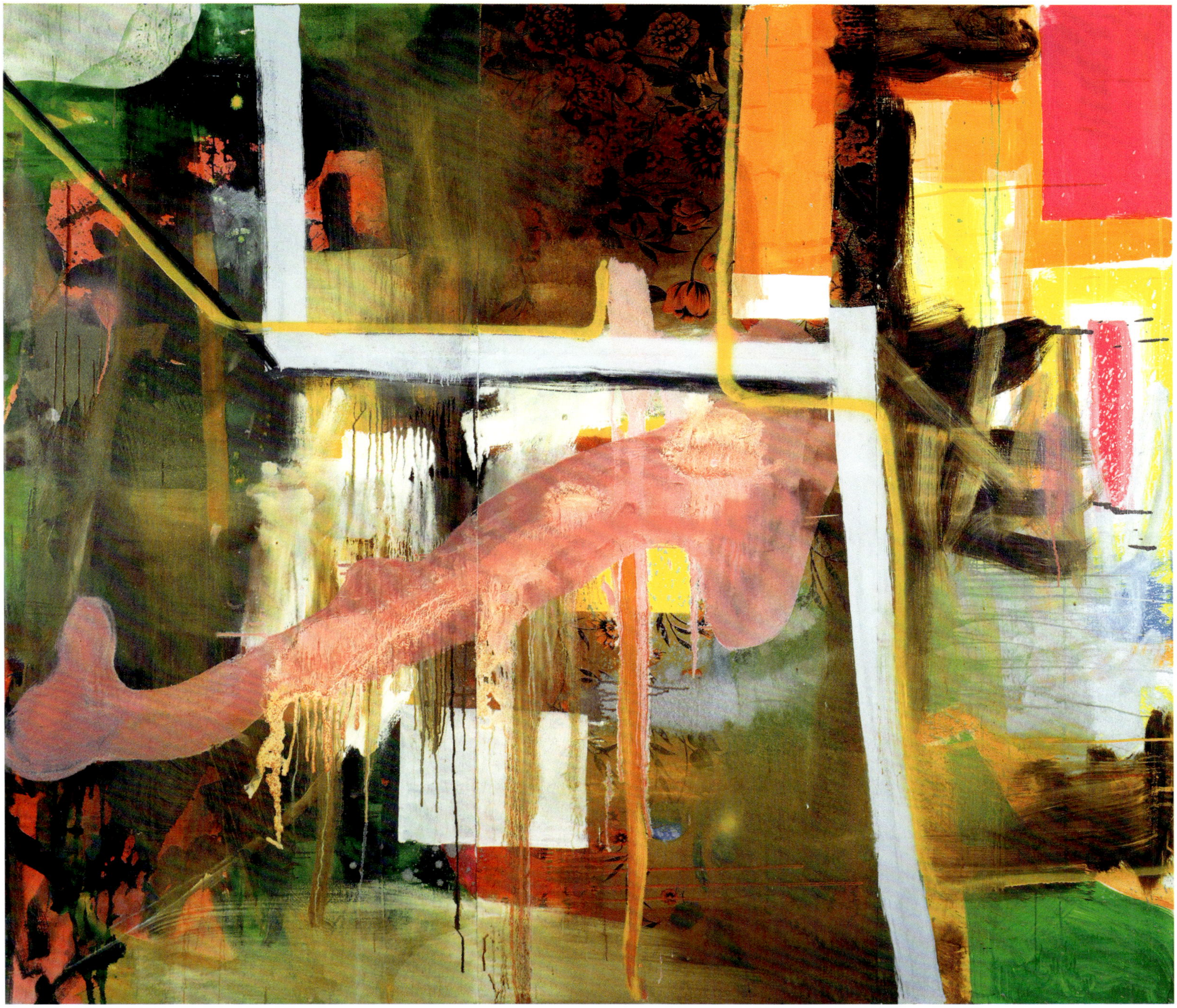

Hey, 2007

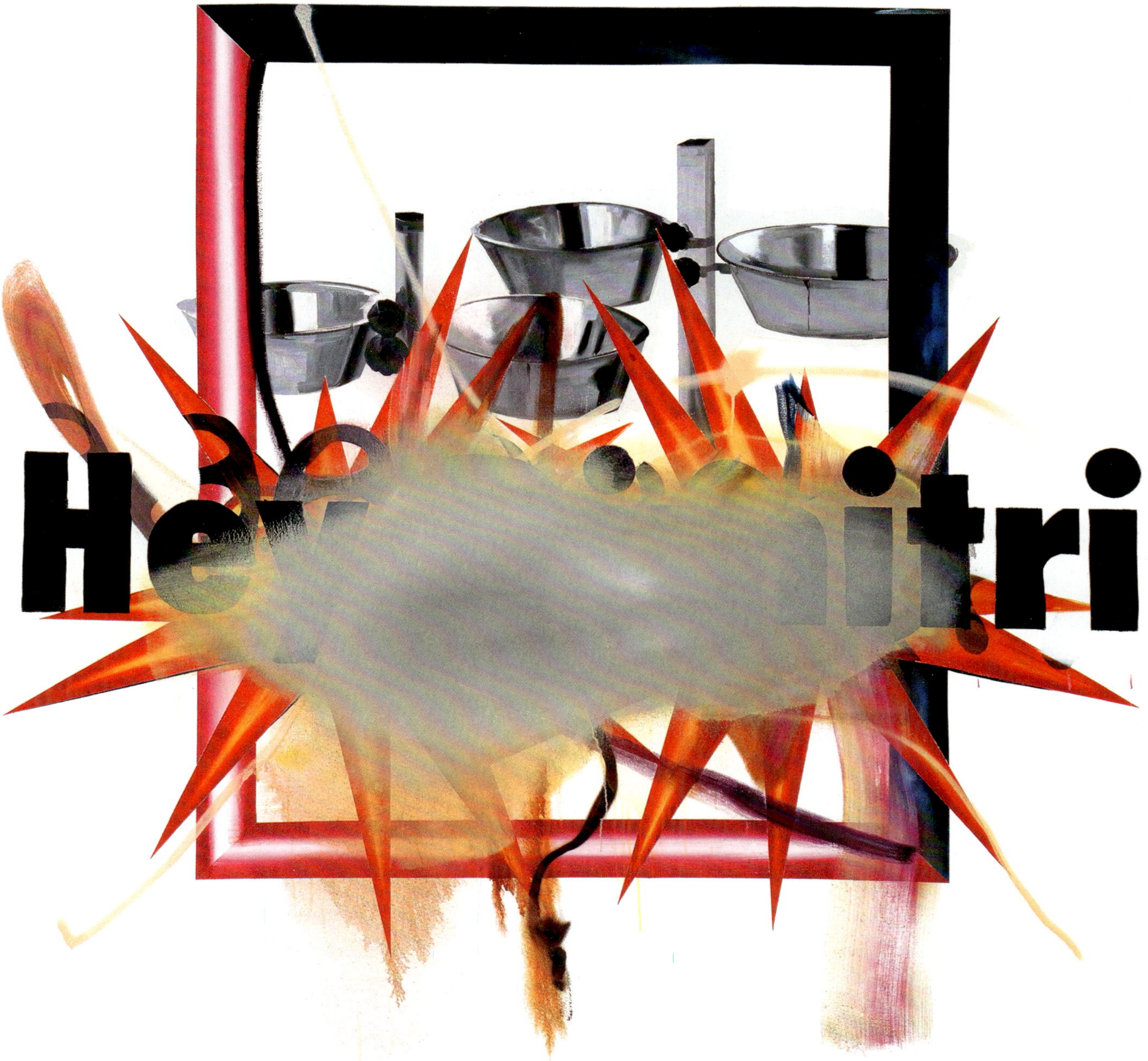

Werkverzeichnis / List of Works

Seite / page

76 * *Kotzimmer,* 1982
Öl, Lack und Spiegel auf Leinwand / oil, lacquer, and mirror on canvas, 190 × 160 cm

28 *Raum für phantasievolle Aktionen,* 1983
Öl, Lack und Spiegel auf Leinwand / oil, lacquer, and mirror on canvas, 200 × 500 cm
Kunstmuseum Bonn

16 *Ohne Titel / Untitled,* 1988
Öl auf Leinwand / oil on canvas, 200 × 200 cm
Privatsammlung / private collection, Courtesy Galerie Max Hetzler, Berlin

72 *Ohne Titel / Untitled,* 1988
Öl und Haferflocken auf Leinwand / oil and oatmeal on canvas, 200 × 380 cm
Uli Knecht, Stuttgart

74 *Ohne Titel / Untitled,* 1988
Öl auf Leinwand / oil on canvas, 240 × 200 cm
Roland Berger Art Collection

84 * *Ohne Titel / Untitled,* 1988
Öl auf Leinwand / oil on canvas, 240 × 200 cm

10 *Ohne Titel / Untitled,* 1989
Öl auf Leinwand / oil on canvas, 240 × 200 cm
Privatsammlung / private collection

30 *Ohne Titel / Untitled,* 1989
Öl auf Leinwand / oil on canvas, 240 × 200 cm
Privatsammlung / private collection, Courtesy Galerie Max Hetzler, Berlin

70 *Ohne Titel / Untitled,* 1989
Öl auf Leinwand / oil on canvas, 240 × 200 cm
Privatsammlung / private collection, Courtesy Galerie Max Hetzler, Berlin

126 * *Ohne Titel / Untitled,* 1989
Öl auf Leinwand / oil on canvas, 240 × 200 cm

87 * *Ohne Titel / Untitled,* 1989
Öl auf Leinwand / oil on canvas, 200 × 200 cm

129 *Ohne Titel / Untitled,* 1990
Öl auf Leinwand / oil on canvas, 200 × 200 cm
Privatsammlung / private collection, Courtesy Galerie Max Hetzler, Berlin

99 *Ohne Titel / Untitled,* 1992
Siebdruck, Acryl und Öl auf Leinwand / silkscreen, acrylic, and oil on canvas, 200 × 200 cm
Eigentum des Künstlers / property of the artist

12 *Ohne Titel / Untitled,* 1993
Öl auf Leinwand / oil on canvas, 200 × 200 cm
Privatsammlung / private collection

27 * *Ohne Titel / Untitled,* 1994
Öl auf Leinwand / oil on canvas, 200 × 200 cm
Privatsammlung / private collection, Courtesy Galerie Max Hetzler, Berlin

133 *Das Ende von Zuhause,* 1995
Öl auf Leinwand / oil on canvas, 175 × 200 cm
Sammlung / collection Stolitzka, Graz

101 *Fleisch,* 1995
Öl und Acryl auf Leinwand / oil and acrylic on canvas, 226 × 300 cm
Museum Ludwig, Köln / Cologne

Coverabbildung und Seite / Cover illustration and page
23 *Terpentin,* 1995
Öl auf bedrucktem Stoff / oil on printed cloth, 220 × 240 cm
Eigentum des Künstlers / property of the artist

35 *Easter Nudes,* 1996
Öl und Acryl auf Leinwand / oil and acrylic on canvas, 191 × 271 cm
Privatsammlung / private collection, Courtesy Galerie Max Hetzler, Berlin

43 *Ohne Titel / Untitled,* 1997
Öl und Acryl auf Leinwand / oil and acrylic on canvas, 245 × 190,5 cm

55 *Leuchtspurenelemente,* 1996
Öl auf Leinwand / oil on canvas, 200 × 200 cm
Eigentum des Künstlers / property of the artist

15 *Maschinenwesen,* 1996
Öl auf Leinwand / oil on canvas, 240 × 200 cm
Eigentum des Künstlers / property of the artist

25 *Akkordeon,* 1997
Öl auf Leinwand / oil on canvas, 143 × 239 cm
Eigentum des Künstlers / property of the artist

9 *Born,* 1997
Öl auf Leinwand / oil on canvas, 220 × 340 cm
Privatsammlung / private collection

38 *Captain Jack,* 1997
Siebdruck und Öl auf Leinwand / silkscreen and oil on canvas, 230 × 230 cm
Privatsammlung / private collection

42 * *Son of Dogshit,* 1997
Öl auf Leinwand / oil on canvas, 255 × 190 cm
Eigentum des Künstlers / property of the artist

32 *Vernzone,* 1997
Siebdruck und Öl auf Leinwand / silkscreen and oil on canvas, 140 × 220 cm
Privatsammlung / private collection

45 * *Aufräumen,* 1998
Mischtechnik auf Leinwand / mixed media on canvas, 243 × 334 cm

89 * *(Im) Frisörstuhl,* 1998
Siebdruck, Öl und Acryl auf Leinwand / silkscreen, oil, and acrylic on canvas, 240 × 240 cm

95 *Taschentuch,* 1998
Mischtechnik auf Leinwand / mixed media on canvas, 181 × 240 cm
Sammlung / collection Rudolf & Ute Scharpff, Dauerleihgabe / on permanent loan Kunstmuseum Bonn

123 * *Materienabfall,* 1999
Öl auf Leinwand / oil on canvas, 239 × 239 cm
MMK Museum für Moderne Kunst, Frankfurt am Main, Schenkung des Künstlers / gift of the artist

49 *Ohne Titel / Untitled,* 1999
Öl auf Leinwand / oil on canvas, 240 × 200 cm
Privatsammlung / private collection

120 *Raucher,* 1999
Öl auf Leinwand / oil on canvas, 239 × 239 cm
Privatsammlung / private collection

82 * *Sohn von Hundescheiße,* 1999
Öl auf Leinwand / oil on canvas, 278 × 359 cm

93 * *Annihilator,* 2001/2006
Inkjet, Öl und Lack auf Leinwand / inkjet, oil, and lacquer on canvas, 374 × 709 cm
Privatsammlung / private collection, Courtesy Galerie Max Hetzler, Berlin

91 * *More Fire and Ice,* 2001
Inkjet-Print und Mischtechnik auf Leinwand / inkjet print and mixed media on canvas, 350 × 340 cm

63 * *Doppelbild,* 2002
Acryl und Öl auf Leinwand / acrylic and oil on canvas, 143.5 × 240 cm
Privatsammlung / private collection, Courtesy Galerie Max Hetzler, Berlin

81 * *Absteigende heiße Strahlen,* 2003
Öl auf Leinwand / oil on canvas, 280 × 300 cm
Privatsammlung / private collection, Courtesy Galerie Max Hetzler, Berlin

97 *Ohne Titel / Untitled,* 2004
Öl auf Leinwand / oil on canvas, 260 × 290 cm
Eigentum des Künstlers / property of the artist

98 * *Ohne Titel / Untitled,* 2004
Öl auf Leinwand / oil on canvas, 260 × 290 cm
Eigentum des Künstlers / property of the artist

Seite / page

6 *Gestohlenes Zeug,* 2005
Acryl und Öl auf Leinwand / acrylic and oil on canvas, 280 × 340 cm
Privatsammlung / private collection, Courtesy Galerie Michael Haas

7 *Gezeichnete Hunde,* 2005
Öl auf Leinwand / oil on canvas, 210 × 260 cm
Cranford Collection, London

18 *Vergessen auf Rädern,* 2005
Öl auf Leinwand / oil on canvas, 210 × 260 cm
Sammlung / collection Ringier, Schweiz / Switzerland

135 *Hey,* 2007
Öl und Papier auf Leinwand / oil and paper on canvas, 230 × 200 cm
Privatsammlung / private collection

41 *Ohne Titel / Untitled,* 2007
Öl und Papier auf Leinwand / oil and paper on canvas, 190 × 220 cm
Eigentum des Künstlers / property of the artist

124 * *b/w,* 2008
Öl und Papier auf Leinwand / oil and paper on canvas, 270 × 310 cm

52 *FM 2,* 2008
Öl auf Leinwand / oil on canvas, 160 × 200 cm
Privatsammlung / private collection

67 * *FM 4,* 2008
Öl auf Leinwand / oil on canvas, 150 × 160 cm
Eigentum des Künstlers / property of the artist

62 * *FM 9,* 2008
Öl, Holz und Lack auf Leinwand / oil, wood, and lacquer on canvas, 180 × 170 cm
Eigentum des Künstlers / property of the artist

69 * *FM 21,* 2008
Öl und Papier auf Leinwand / oil and paper on canvas, 225 × 290 cm
Eigentum des Künstlers / property of the artist

57 * *FM 23,* 2008
Öl und Papier auf Leinwand / oil and paper on canvas, 190 x 220 cm
Eigentum des Künstlers / property of the artist

61 *FM 24,* 2008
Öl und Papier auf Leinwand / oil and paper on canvas, 190 × 220 cm
Eigentum des Künstlers / property of the artist

65 *FM 25,* 2008
Öl auf Leinwand / oil on canvas, 170 × 240 cm
Eigentum des Künstlers / property of the artist

119 * *FM 26,* 2008
Öl und Papier auf Leinwand / oil and paper on canvas, 190 × 220 cm
Eigentum des Künstlers / property of the artist

118 *FM 27,* 2008
Öl und Papier auf Leinwand / oil and paper on canvas, 190 × 230 cm
Eigentum des Künstlers / property of the artist

117 * *FM 31,* 2008
Öl und Papier auf Leinwand / oil and paper on canvas, 160 × 272 cm
Eigentum des Künstlers / property of the artist

102 *Frau Zen,* 2008
Öl und Papier auf Leinwand / oil and paper on canvas, 210 × 270 cm
Sammlung / collection Rudolf & Ute Scharpff

51 * *FM 39,* 2009
Öl und Papier auf Leinwand / oil and paper on canvas, 190 × 210 cm
Eigentum des Künstlers / property of the artist

46 *FM 40,* 2009
Öl und Papier auf Leinwand / oil and paper on canvas, 220 × 190 cm
Eigentum des Künstlers / property of the artist

110 *Ohne Titel / Untitled,* 2009
Collage auf Papier / collage on paper, 200 × 160 cm
Eigentum des Künstlers / property of the artist

111 *Ohne Titel / Untitled,* 2009
Collage auf Papier / collage on paper, 200 × 159 cm
Eigentum des Künstlers / property of the artist

106 * *Ohne Titel / Untitled,* 2009
Collage auf Papier / collage on paper, 200 × 146 cm
Eigentum des Künstlers / property of the artist

104 * *Ohne Titel / Untitled,* 2009
Collage auf Papier / collage on paper, 200 × 157 cm
Eigentum des Künstlers / property of the artist

114 * *Ohne Titel / Untitled,* 2009
Collage auf Papier / collage on paper, 200 × 150 cm
Eigentum des Künstlers / property of the artist

115 * *Ohne Titel / Untitled,* 2009
Collage auf Papier / collage on paper, 192 × 156 cm
Eigentum des Künstlers / property of the artist

113 * *Ohne Titel / Untitled,* 2009
Collage auf Papier / collage on paper, 200 × 157 cm
Eigentum des Künstlers / property of the artist

53 *FM 42,* 2010
Öl und Papier auf Leinwand / oil and paper on canvas, 190 × 230 cm
Eigentum des Künstlers / property of the artist

83 *Ohne Titel / Untitled,* 2011
Öl auf Leinwand / oil on canvas, 270 × 310 cm
Eigentum des Künstlers / property of the artist

130 *Ohne Titel / Untitled,* 2011
Öl auf Leinwand / oil on canvas, 270 × 310 cm
Eigentum des Künstlers / property of the artist

131 *Ohne Titel / Untitled,* 2011
Öl auf Leinwand / oil on canvas, 270 × 310 cm
Eigentum des Künstlers / property of the artist

* nicht in der Ausstellung / not in the exhibition

Albert Oehlen

Biografie / Biography

1954
Geboren / Born in Krefeld

1981
Studium an der / Studied at the Hochschule für bildende Kunst Hamburg
Lebt in der Schweiz und in Spanien / Lives in Switzerland and Spain

Einzelausstellungen (Auswahl) / Solo Exhibitions (Selection)

1981
Bevor ihr malt, mach ich das lieber, Galerie Max Hetzler, Stuttgart
Galerie Ascan Crone, Hamburg

1984
Galerie Peter Pakesch, Wien / Vienna

1987
Abräumung – Prokrustische Malerei 1982–84, Kunsthalle Zürich / Zurich
Der Übel, Grazer Kunstverein (Kat. / Cat.)

1988
Zeichnungen und Linolschnitte, Galerie Gisela Capitain, Köln / Cologne

1989
Luhring Augustine Hetzler, Santa Monica
Galeria Juana de Aizpuru, Madrid

1990
Galerie Peter Pakesch, Wien / Vienna
Die grüne Tür, Galerie Grässlin-Ehrhardt, Frankfurt / Main
Realidad Abstracta (mit / with Markus Oehlen), Universidad Internacional Menendez Pelayo, Santander (Kat. / Cat.)

1992
Bruno Brunett, Berlin

1993
Salzburger Kunstverein (Kat. / Cat.)
Galerie Samia Saouma, Paris
K-Raum Daxer, München / Munich

1994
Villa Arson, Nizza / Nice (Kat. / Cat.)
Malerei, Deichtorhallen, Hamburg (Kat. / Cat.)

1995
Oehlen Williams 95 (mit / with Christopher Williams), Wexner Center for Arts, Columbus, Ohio (Kat. / Cat.)
Abortion of the Cool, Gesellschaft für Gegenwartskunst, Augsburg (Kat. / Cat.)
Margo Leavin Gallery, Los Angeles
Recent Paintings, The Renaissance Society at the University of Chicago

1996
IVAM Centre del Carme, Valencia (Kat. / Cat.)

1997
Albert vs. History, Kunsthalle Basel (Kat. / Cat.)
Kunsthalle Vierseithof, Luckenwalde (Kat. / Cat.)

1998
INIT Kunsthalle Berlin
Galerie Freund / Wind, Wien / Vienna
Galerie Nathalie Obadia, Paris

1999
Wings of Chickens, Nolan / Eckman Gallery, New York

2000
Patrick Painter, Santa Monica
Der Ritt der sieben Nutten – Das war mein Jahrhundert (mit / with Markus Oehlen), Städtisches Museum Abteiberg, Mönchengladbach

2001
Terminale Erfrischung. Computercollagen und Malerei, Kestner-Gesellschaft, Hannover (Kat. / Cat.)
Self Portraits, Skarstedt Fine Art, New York (Kat. / Cat.)

2002
Alfonso Artiaco, Pozzuoli
Musée d'Art Moderne et Contemporain de Strasbourg (Kat. / Cat.)

2004
Secession, Wien (Kat. / Cat.)
Albert Oehlen, Malerei 1980–2004, Selbstportrait mit 50-millionenfacher Lichtgeschwindigkeit, Musée cantonal des Beaux-Arts, Lausanne; Domus Artium, Salamanca (Kat. / Cat.)

2005
I Know Whom You Showed Last Summer, MOCA – Museum of Contemporary Art, Miami (Kat. / Cat.)
Thomas Dane Gallery, London
Albert Oehlen, Malerei 1980–2004, Selbstportrait mit 50millionenfacher Lichtgeschwindigkeit, Kunsthalle Nürnberg / Nuremberg
FRAC Auvergne – Ecuries de Chazerat, Clermont-Ferrand (Kat. / Cat.)

2006
I Will Always Champion Bad Painting, Arnolfini, Bristol (Kat. / Cat.)
I Will Always Champion Good Painting, Whitechapel, London (Kat. / Cat.)
Museum Dhondt-Dhaenens, Deurle

2009
Réalité abstraite, Musée d'Art moderne de la Ville de Paris (Kat. / Cat.)
Museo di Capodimonte, Neapel / Naples (Kat. / Cat.)
Corbett vs. Dempsey, Chicago

2010
Albert Oehlen – Werke aus der Sammlung, Räume für Kunst, Sammlung Grässlin, St. Georgen (Kat. / Cat.)
Fingermalerei, Emil Schumacher Museum, Hagen (Kat. / Cat.)

2011
Carré Musée d'art contemporain de Nimes (Kat. / Cat.)

Fotonachweis / Photo Credits

Genesis Imaging Chelsea Ltd, London: S. / p. 16
James Franklin Photography, Los Angeles: S. / p. 70
Jörg + Philipp von Bruchhausen, Berlin: S. / pp. 23, 95, 102, 123
Lothar Schnepf, Köln / Cologne: S. / pp. 55, 110, 111
Stefan Rohner: S. / pp. 41, 46, 52, 53, 61, 65, 118, 135

Diese Publikation erscheint anlässlich der Ausstellung / This catalogue is published in conjunction with the exhibition
Albert Oehlen
Kunstmuseum Bonn
1. März – 3. Juni 2012 / March 1 – June 3, 2012

Katalog / Catalogue

Herausgeber / Editor
Stephan Berg, Kunstmuseum Bonn

Lektorat (deutsch) / Copyediting (German)
Judith Vajda

Lektorat (englisch) / Copyediting (English)
Melanie Newton, Donna Stonecipher

Übersetzungen Deutsch–Englisch / Translations German–English
Allison Plath-Moseley, George Frederick Takis (Essay / essay by Stephan Berg)

Übersetzungen Englisch–Deutsch / Translations English–German
Marion Kagerer

Grafische Gestaltung und Satz / Graphic design and typesetting
Jutta Herden

Schrift / Typeface
Akzidenz Grotesk

Reproduktionen / Reproductions
Repromayer GmbH, Reutlingen

Verlagsherstellung / Production
Ines Sutter

Papier / Paper
150 g/m² LuxoArt Samt

Druck / Printing
Offsetdruckerei Karl Grammlich GmbH, Pliezhausen

Buchbinderei / Binding
Lachenmaier GmbH, Reutlingen

Erschienen im / Published by
Hatje Cantz Verlag
Zeppelinstraße 32
73760 Ostfildern
Deutschland / Germany
Tel. +49 711 4405-200
Fax +49 711 4405-220
www.hatjecantz.com

Informationen zu dieser oder zu anderen Ausstellungen finden Sie unter www.kq-daily.de / You can find information on this exhibition and many others at www.kq-daily.de

Hatje Cantz books are available internationally at selected bookstores. For more information about our distribution partners please visit our homepage at www.hatjecantz.com

ISBN 978-3-7757-3236-9

Printed in Germany

Umschlagabbildung / Cover illustration
Terpentin, 1995, Öl auf bedrucktem Stoff / oil on printed cloth; 220 × 240 cm, Eigentum des Künstlers / property of the artist

Ausstellung / Exhibition

Kunstmuseum Bonn
Museumsmeile
Friedrich-Ebert-Allee 2
D-53113 Bonn
Tel. +49 (0)228 776260
Fax +49 (0)228 776220
kunstmuseum@bonn.de
www.kunstmuseum-bonn.de

KUNST
MUSEUM
BONN

Intendant / Director
Stephan Berg

Stellvertretender Direktor / Deputy Director
Christoph Schreier

Kuratoren / Curators
Volker Adolphs, Stefan Gronert,
Irene Kleinschmidt-Altpeter

Öffentlichkeitsarbeit / Press
Ute Herborg-Oberhäuser, Anne Fischer

Bildung und Vermittlung / Education and Public Relations
Sabina Leßmann, Wybke Wiechell

Verwaltung / Administration
Susanne König, Vera Scheel

Sekretariat / Office
Iris Lölsberg, Kristina Georgi

Registrar
Barbara Weber

Leitung der Werkstätten / Workshops
Reinhard Behrenbeck, Martin Wolter

Ausstellungstechnik / Exhibition Technical Services
Josef Breuer, Eberhard Wagner

Konservatorische Betreuung / Restoration
Antje Janssen, Nicole Stiebel

Ausstellung und Katalog wurden gefördert durch / Exhibition and catalogue kindly sponsored by

KUNSTSTIFTUNG NRW

prohelvetia

FREUDE.
JOY.
JOIE.
BONN.